図解でわかる

14歳からのプラスチックと環境問題

インフォビジュアル研究所・著

図解でわかる

14歳からのプラスチックと環境問題

目 次

はじめに
人類が生んだ万能素材プラスチックに
地球が埋もれてしまわないために …… 4

part 1 いま世界が直面するプラスチック危機

❶世界が生み出したプラスチック83億トン
その大半がごみとして捨てられている … 6

❷ 2050 年目標では遅すぎる!
海洋プラスチックごみ問題 ……………… 8

❸中国のプラごみ輸入禁止で見えた現実
先進国はごみを輸出していた!! ………… 10

❹急増する使い捨ての容器包装ごみ
その3割以上が自然界に流出!? ………… 12

❺国連の持続可能な開発目標に向けて
世界各国で始まったレジ袋規制 ………… 14

❻もうノープラ生活には戻れない!?
私たちの暮らしの現実 …………………… 16

❼プラスチックなくして成り立たない産業界
大量のプラごみは適切に処理されている? … 18

part 2 プラスチックの基礎知識

❶人類は炭素と水素を組み合わせて
プラスチックを生み出した………………… 20

❷プラスチックは性質により、
熱可塑性と熱硬化性に分けられる …… 22

❸プラスチックとは、小さな分子が
いくつもつながった高分子化合物……… 24

❹異なるモノマーをつなぐことも
つないだ手をほどくこともできる ……… 26

part 3 プラスチックと環境問題

❶都市ごみ処理の移り変わり
埋めても燃やしても問題が ……………… 28

❷国境を越えるプラスチックごみ
中国が輸入禁止を決断するまで ………… 30

❸中国禁輸後、アジア諸国もプラごみ拒否
バーゼル条約改正に至る………………… 32

❹アジア・アフリカの途上国が
いち早くレジ袋規制に踏み切った理由 … 34

❺発覚したプラスチックスープの海
漂流ごみはどこから来たのか …………… 36

❻海洋プラスチックごみが
海の生き物たちの命を縮める ………… 38

❼生態系に入り込む極小の厄介者
マイクロプラスチック ………………… 40

❽海洋を漂うプラスチックごみは
有害化学物質の運び屋になる………… 42

❾プラスチックは本当に安全か?
欧米で指摘される有害化学物質………… 44

part 4 プラスチックリサイクルのいま

❶プラスチックはどのように
リサイクルされているの？ …………… 46

❷日本のプラごみ有効利用率86％
実はほとんど燃やされている⁉ ………… 48

❸世界の国々に見るごみ処理法
リサイクル率の高い国は？ ……………… 50

❹ヨーロッパ諸国のごみ戦略
リサイクルから脱プラスチックへ ………… 52

❺経済優先のごみ大国アメリカで
行き詰まるリサイクル事業 ……………… 54

❻ようやく始まった企業の取り組み
主軸はリサイクルと新素材開発 ………… 56

❼日本の容器包装リサイクル法は
プラごみ抑制にはならない⁉ …………… 58

❽プラスチックの生涯に責任をもつ。
これからのリサイクルの考え方 ………… 60

❾国連の持続可能な開発目標 SDGs
2030年までになすべきこと ……………… 62

part 5 脱プラスチック生活への道

❶リサイクルより「減らす」「使わない」
3Rから4Rへの転換 ……………………… 64

❷自然に還るバイオプラスチックは
本当にごみ問題の解決策になるの？ …… 66

❸ごみを燃やさない、埋めない
世界に広がるゼロ・ウェイスト運動 ……… 68

❹廃材の価値を高めるアップサイクル
プラごみも加工すれば蘇る ……………… 70

❺プラスチックを減らす、使わない
持続できる脱プラ生活 …………………… 72

❻欧米を中心に増える量り売りショップ
容器持参でプラ包装ゼロに ……………… 74

❼プラスチックがなかった時代
ひとつ前の暮らしを見直す ……………… 76

part 6 プラスチックの歩みと社会の変化

❶天然素材の代替物として生み出され
百年で世界を変えた驚異の素材 ………… 78

❷プラスチックを進化させたのは
第二次世界大戦だった …………………… 80

❸プラスチック産業を発展させた
高分子化学の先駆者たち ………………… 82

❹戦後、石油産業の発展と共に
花開いた「夢の素材」の時代 …………… 84

❺人々の命を救い、希望を与えた
医療用プラスチック ……………………… 86

❻スーパーやコンビニの登場により
容器包装プラスチックが氾濫 …………… 88

❼私たちが生きる「人新世」の地層に
プラスチックは残り続ける⁉ …………… 90

おわりに
プラスチックが鳴らす警鐘に
いま私たちはどう応えるのか
……………………………………… 92

参考文献 ………………………………… 93

索引 ……………………………………… 94

はじめに

人類が生んだ万能素材プラスチックに地球が埋もれてしまわないために

私たち人類の遠い祖先が、石を道具として使うようになったのは、３００万年以上も前のこと。以来、人類は身近にあるものを利用して、様々な道具をつくり出してきました。石や木を削って槍《やり》や斧《おの》をつくる。動物の毛皮をまとって寒さから身を守る。土をこねて器をつくる。金属やガラスを加工する――。このように、自然界にある様々な素材を使いこなすことで、人類は、ほかの生き物とはまったく異なる進化を遂げてきたのです。

しかし、これらの天然素材を、たった１００年で凌駕《りょうが》する新素材が、忽然《こつぜん》と現れます。それが、19世紀に開発が始まり、20世紀中頃から一気に普及した人工素材、プラスチックでした。

金属よりも軽く、陶器のように割れることも、紙のように破れることもなく、どんな形にもなり、誰でも買える低価格。数えきれない利点をもつプラスチックには、大きな問題点がありました。それは、天然素材と違って、分解されて土に還《かえ》ることがないこと。人類は、地球環境にとって極めて厄介《やっかい》な物質を発明してしまったのです。

「分解の鍵を突きとめなければ、いつの日か我々はプラスチックの中に埋まってしまうであろう」

これは、１９７３年にチェコスロバキア（現在のチェコ）のプラハ美術工芸博物館で開かれた「デザインとプラスチック」展のカタログに書かれた言葉です。いまから半世紀近くも前に、プラスチックがもたらす弊害《へいがい》に、早くも警鐘《けいしょう》が鳴らされていたことがわかります。しかし、当時の多くの人々の目には、次々と生み出されるプラスチック製品によって、暮らしが便利になっていくことしか見えていませんでした。

二度目の警鐘が鳴らされたのは、１９９０年代初頭のこと。海に流れ出したプラスチック原料を食べた海鳥や、レジ袋をクラゲと間違えて食べたウミガメが、命を落としている――。そんなニュースが、つまり、いまと同じようなニュースが、この頃すでに報じられていたのです。それをきっかけにして、プラスチック業界は、プラスチック原料が海に流れ出ないよう、漏出《ろうしゅつ》防止マニュアルを作成します。そしてこの頃から世間では「地球にやさしい暮らし」が合言葉になり、リサイクル熱が高まります。しかし、いつのまにか海の生き物たちのプラスチック被害のことは忘れられていきました。

そしていま、気づけば私たちは、すでにプラスチックの中に埋まっています。身の回りにはプラスチック製品が溢《あふ》れ、何かを買えば、平均12分でごみ箱行きになるプラスチック製の容器や包装がついてきます。使い捨ての便利さに慣れ、ごみ袋いっぱいのプラスチックごみ、いわゆる「プラごみ」をためては捨て、捨ててはためる生活が、いつしか私たちの当たり前になっていました。

そして再び、海を漂うプラごみの存在が、大きな問題となって私たちに突きつけられています。1990年代に警鐘が鳴らされたときとは違い、インターネットの普及によって、遠く離れた海で起きていることが身近に感じとれるようになり、私たちは、自分たちの暮らしが海とつながっていることを知りました。世界各地で、海洋ごみ問題への取り組みが始まり、国連も「持続可能な開発目標（SDGs《エスディージーズ》）」を掲げるなかで、海洋汚染の防止や廃棄物の大幅削減を加盟国に呼びかけています。美しい海が、大切な地球が、プラスチックに埋もれてしまわないために、いま私たちは何をしたらよいのでしょう?

本書は、プラスチックが地球環境に及ぼす影響や、プラごみ対策として進められているリサイクルとそれに替わる取り組み、あわせてプラスチックが社会に果たした役割を図解しています。本書が、歴史の浅いプラスチックという素材を、よりよく理解するための参考となり、皆さんが環境に配慮した暮らし方を考えるきっかけとなれば幸いです。

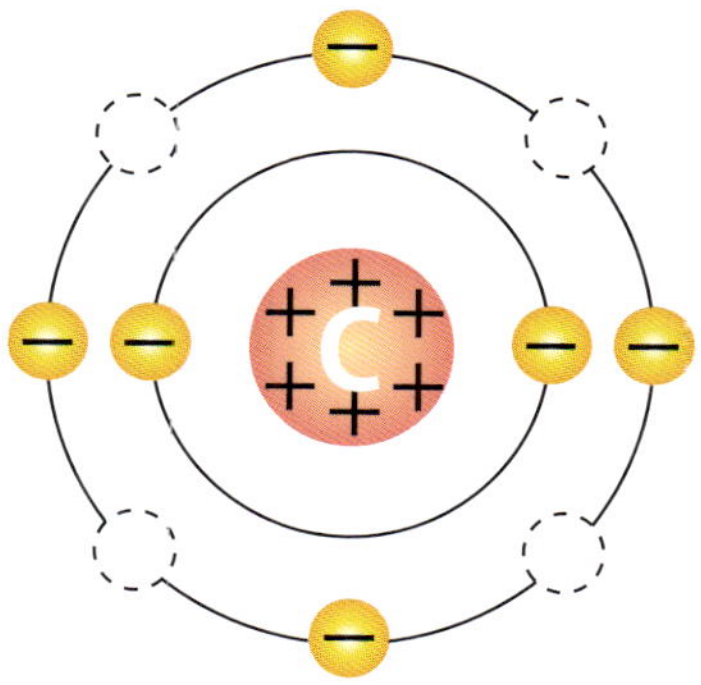

49.8億トンが
埋め立て、もしくは 投棄された
その量は5トンのゴミ収集車
約10億台分
それをつなげると月まで6.5回以上
往復できる量だ
海にはもう捨ててるよ

part 1

いま世界が直面するプラスチック危機①

世界が生み出したプラスチック83億トン その大半がごみとして捨てられている

66年間のリサイクル率わずか9%

２０１７年、アメリカの研究者チームが発表したひとつの調査報告が、世界に驚きを与えました。これまで具体的な数字がつかめなかった世界のプラスチック生産量とその行方が、初めて明らかになったのです。

いまでこそプラスチックは私たちの暮らしの中に溢《あふ》れていますが、本格的に生産されるようになったのは、１９５０年頃からです。調査によると、１９５０年には年間約２００万トンだった世界のプラスチック生産量は、年々増加し、２０１５年には４億７００万トンにまで膨れ上がっています。このままのペースで増え続けると、２０５０年には16億トンに迫るとも予測されています。一方、廃棄されるプラスチックも同様に増え続け、２０１５年には３億２００万トンが廃棄処分されています。

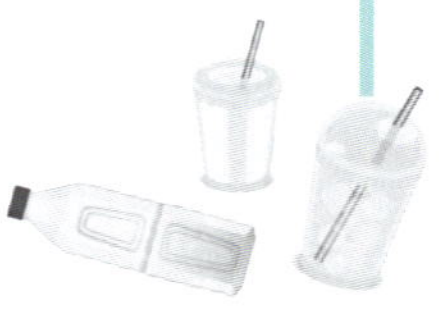

研究者チームはさらに、２０１５年までの66年間で生産されたプラスチックは、トータルで83億トンと算出。そのうち63億トンがごみとして処分されたと指摘しています。しかも処分されたプラスチックごみのうち、リサイクルされたものはわずか9％にすぎず、12％は焼却、残り79％は埋め立て処分もしくは投棄されたというのです。

プラスチックは様々な用途に使われていますが、鉄のように長期間使用されるものではなく、半数が4年以下で捨てられてしまいます。さらに、ライフスタイルの変化によって、使い捨て製品が激増したことが、プラスチックの生産量と廃棄量を共に引き上げることになりました。

このままのペースでいくと、２０５０年までには１２０億トンのプラスチックごみが、埋め立て・投棄という形で自然環境の中に放置されることになる、と報告書は警《けい》鐘《しょう》を鳴らしています。人工的につくり出されたプラスチックは、天然素材と違って土に還《かえ》らないため、自然環境に及ぼす影響が懸念されています。それが目に見える形で表れたのが、次のページで見る海洋プラスチックごみ問題です。

part 1

いま世界が直面するプラスチック危機②

2050年目標では遅すぎる！海洋プラスチックごみ問題

すでに1億5,000万トンのプラスチックが海に
そして、年間800万トンが新たに海に…
北大西洋
南大西洋
アフリカ
南米
海流や風の働きでゴミが集まってくる

近い将来プラごみが魚の量を上回る!?

２０１９年６月、日本で開催された主要20カ国・地域首脳会議（G20大阪サミット）にて、海洋プラスチックごみ問題が討議され、２０５０年までに新たなプラごみ流出ゼロを目指すことが表明されました。

海を汚染するプラスチックごみに、世界の関心が集まるようになったのは、ここ数年のこと。プラスチック製の漁網《ぎょもう》にからまってもがき苦しむウミガメ、胃の中から大量のポリ袋が発見されたクジラ、ボトルキャップをえさと間違えてひなに与える海鳥。衝撃的な事例が生々しい写真や映像と共に次々に報告され、私たちは遠い海洋の現実を知らされることになりました。

これまでも、海岸に大量のプラごみが流れ着き、景観を汚すことが度々問題になってきましたが、それは氷山の一角にすぎな

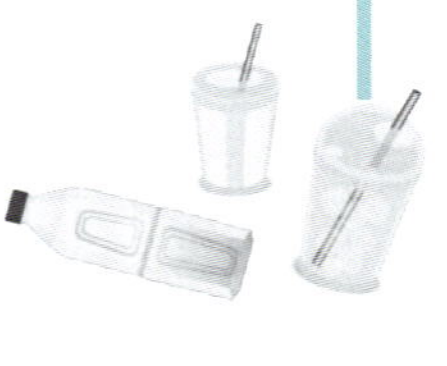

プラスチックは川から海へ

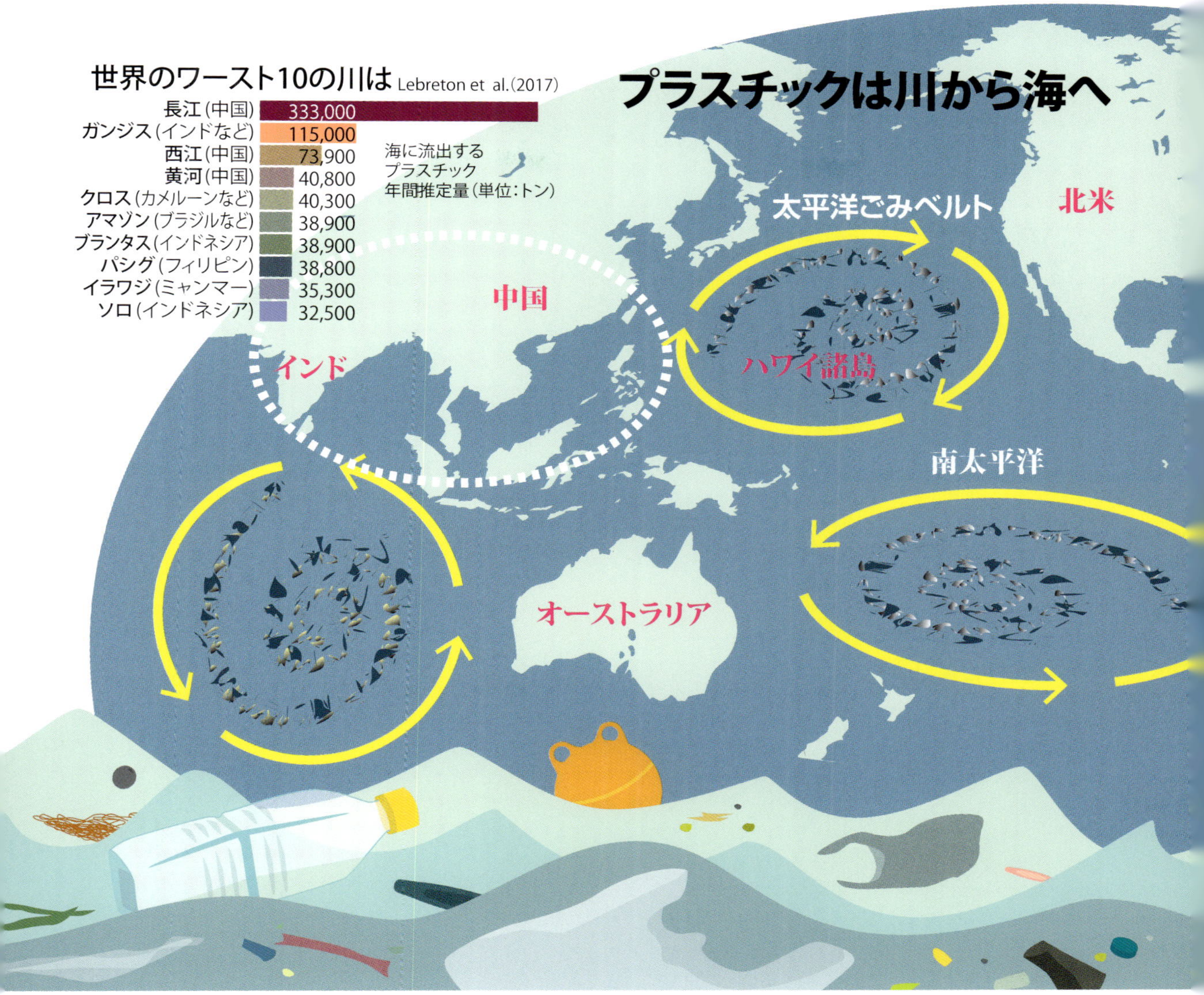

かったのです。海岸に流れ着くことなく、海流にのって漂い続けるプラごみのほうがはるかに多く、しかも時間が経つにつれて劣化《れっか》し、マイクロプラスチック（p40）と呼ばれる小さな粒に姿を変えて、海洋生物に悪影響を及ぼすことがわかってきました。

こうしたプラごみは、北極から南極まで、あらゆる海域で発見されています。なかでも米国カリフォルニア州とハワイに挟まれた一帯は、渦を巻く海流によって大量のプラごみが集まり、「太平洋ごみベルト」とも呼ばれています。上の地図に示したように、日本近海もその影響を受けています。

海洋ごみの大半は、適切に処分されなかったプラごみが、陸から海へと流れ出たものです。そのうち約8割が、河川《かせん》などを通じてアジアの国々から流出しているとされ、早急な対策が求められています。

全世界で海に流れ出るプラごみは、推定年間800万トン。このままいくと、2050年には、プラスチックが魚の量を上回る、とさえいわれています。先のG20が採択した「2050年までに」という目標設定では遅すぎる、と危惧《きぐ》する声が上がっているのも当然といえるでしょう。

part 1

中国のプラごみ輸入禁止で見えた現実 先進国はごみを輸出していた!!

明るみになったプラごみの押しつけ

中国は2017年に突如、年末までにプラスチックなどの廃棄物輸入を禁止する、と発表。それまでプラスチックごみを中国に輸出していた国々は、受け入れ先を失って、あわてふためきました。

この「チャイナショック」によって、私たちはリサイクルの真実に、気づかされることにもなりました。2016年に日本で発生したプラごみは約899万トン。そのうち国内でプラスチック原料に再生されたのは、1割にも達しません。残りのうち約80万トンは中国へ、約50万トンは香港経由で本土へ、つまり合わせて130万トンが中国に売られ、中国の人々によってリサイクルされていたのです。

1990年代以降、アジアやアフリカの一部の国々は、国内の資源不足を補うために、諸外国から廃棄物を輸入してきました。なかでも中国は最大の廃棄物輸入国でした。

2016年に中国に輸出されたプラごみは、合計713万トン。国別にみると、中国への輸出経由地である香港を除くと、日本が約84万トンと最も多く、次いでアメリカが約69万トン、さらにドイツ、ベルギー、オーストラリア、カナダなど先進国が上位に名を連ねています。プラスチック消費量の多い先進国が、自国で出たごみのリサイクルを他国任せにしてきたのです。

中国がプラごみ輸入規制に踏み切った2018年、これまで中国に売られていた大量のプラごみは、マレーシア、タイ、ベトナムなど東南アジア諸国に向かうことになりました。しかし、危機意識をもったこれらの国々は、次々とごみ輸入規制を発表。先進国のごみ捨て場となることを拒否したアジア諸国の対応を前に、先進諸国は増大するプラごみの対処を迫られています。

※香港（178万トン）を除く。3位のタイは先進国から輸入したごみの一部を再輸出していたと思われる
参考：Our World in Date

しかし
2018年より
中国はプラごみ輸入禁止を決定

『プラスチック・チャイナ』
世界一のプラごみ輸入国中国の現実を描いた映像作品。貧しい小さな工場が担うプラスチックリサイクルの現場と、そこに暮らす家族を通して、その過酷な環境とプラスチックリサイクルの影の部分を描く

中国は
世界のゴミ
捨て場
じゃない

これまでは中国が世界のプラごみの45%を引き受けていた

年間713万トン

例えば
日本のペットボトルは
回収**60**万トン

そのうち**20**万トンが
中国へ

中国の決定の結果
プラごみの行き先は
東南アジアにシフト

アジアは
先進国の
ごみ捨て場
じゃない

急増する使い捨ての容器包装ごみ その3割以上が自然界に流出!?

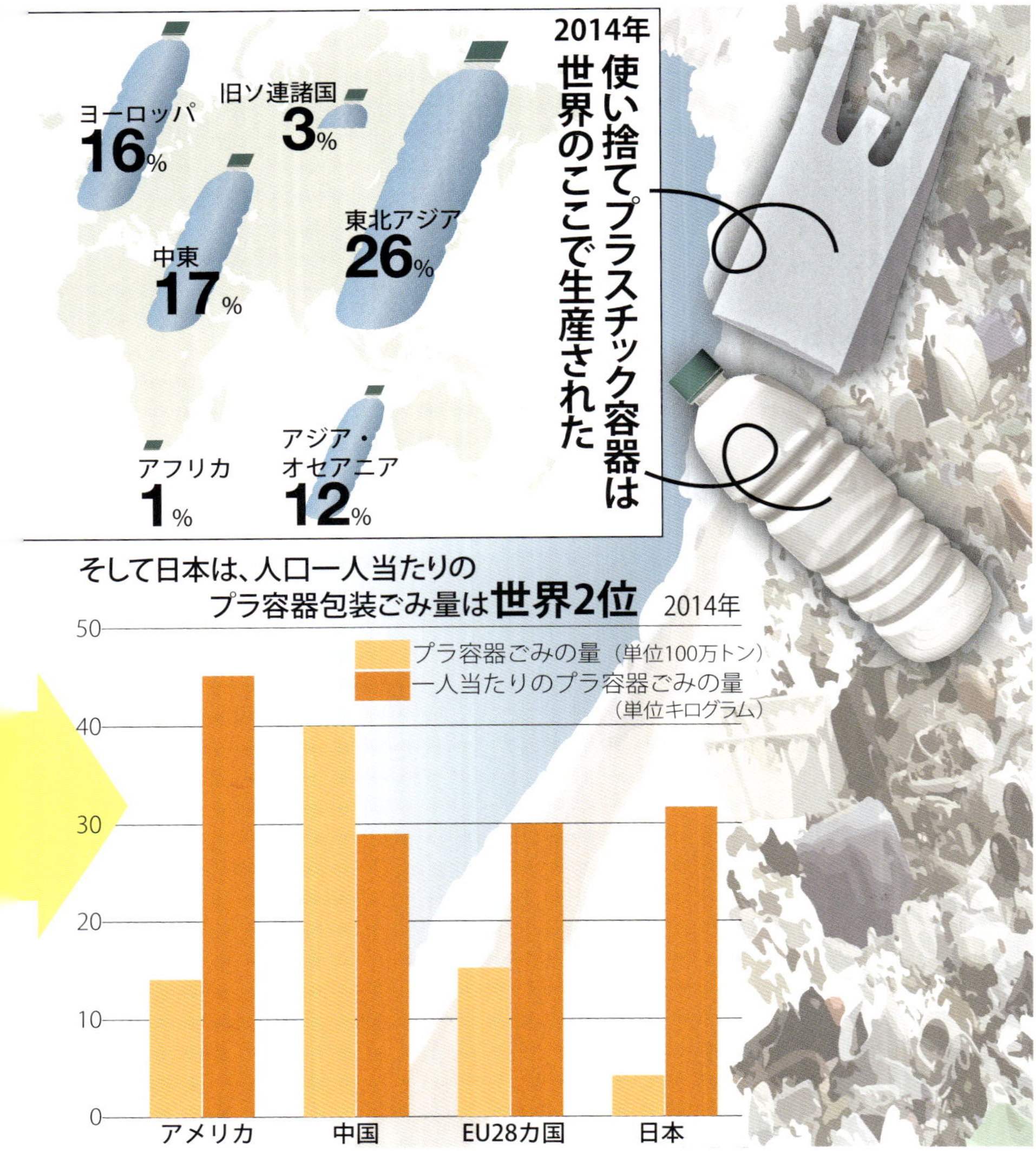

日本は容器包装プラごみ世界第2位

人類がこれまでに生産したプラスチックのうち、約半分は21世紀になってからのものだと算出されています。なかでも驚異的な伸び率を示しているのが、飲料ボトル、ボトルキャップ、食品トレイ、外装フィルム、レジ袋など、容器や包装に使われているプラスチックです。

左ページ上のグラフは、２０１５年に生産されたプラスチック約4億トンを部門別に分類したもの。最大の36%、全体の３分の1以上を占めるのが、容器包装部門です。

これらの容器包装プラスチックは、商品の輸送や保存、衛生管理に役立ち、いまや日々の暮らしの中で目にしない日はありません。しかし、これらは使い捨てであり、生産されたその年のうちに、ごみになってしまうものがほとんどです。生産量が多く

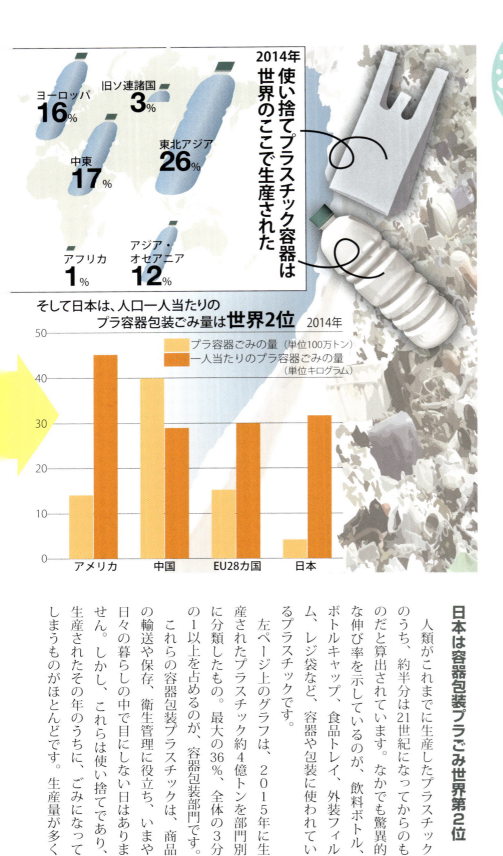

参考：SINGLE-USE PLASTICS
A Roadmap for Sustainability

私たちの、いまの便利な生活

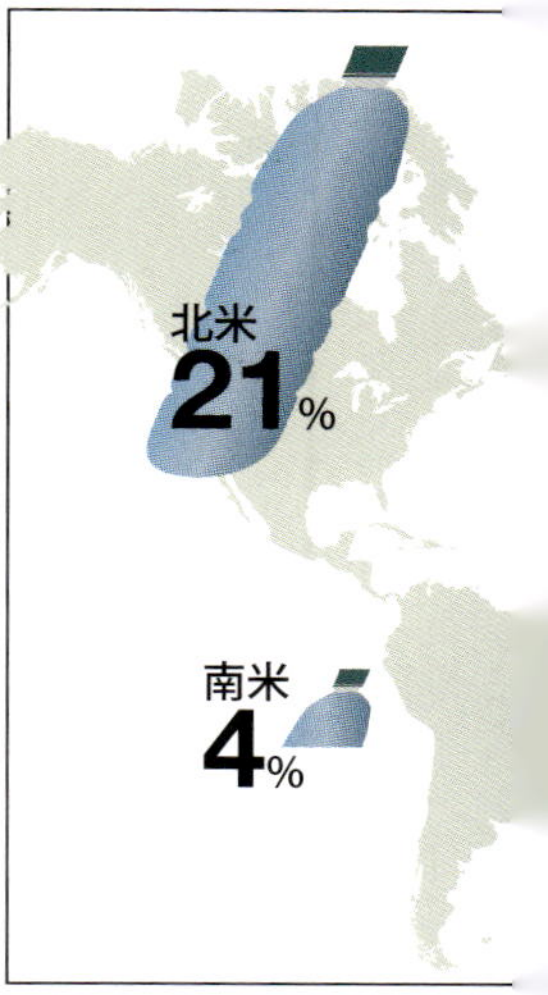

便利な生活の結果

プラ容器包装ごみの行方 2015年

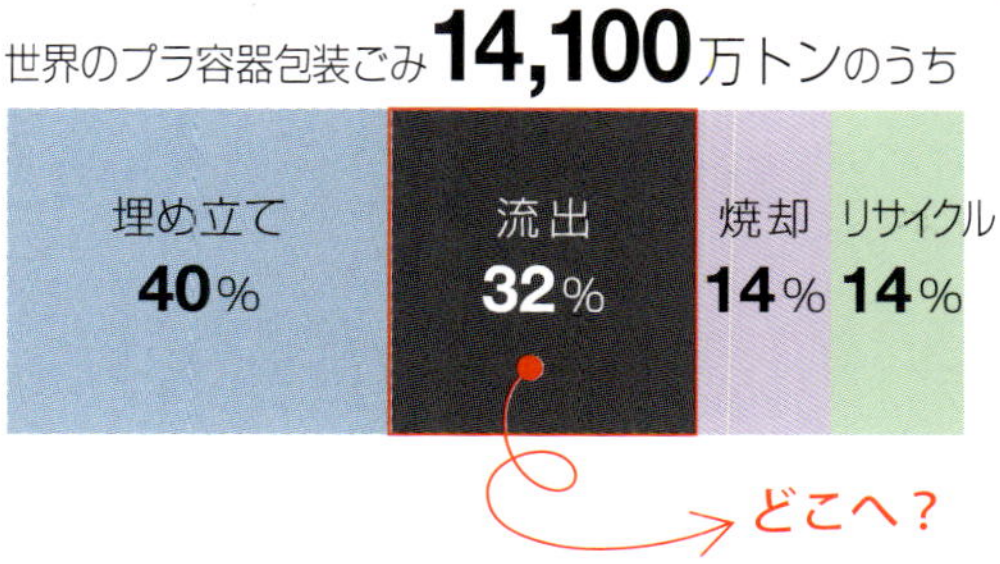

なれば、当然、ごみの量も増えます。

同じ２０１５年に、ごみになったプラスチック約３億トンのうち、容器包装が占めるのは、実に47％に及びます。

国別に見ると、容器包装プラごみの総量では中国がトップです。しかし、これを一人当たりに換算すると、アメリカに次いで日本が世界第２位なのです。かねてから指摘されている日本の過剰包装が、数字となって表れた結果ともいえるでしょう。

しかし本当に問題なのは、これらのごみの行方です。２０１５年の全世界の容器包装プラごみのうち、リサイクルされたのは14％に過ぎません。残り86％のうち、埋め立てや焼却に回されたものを除くと、なんと32％が「流出」しているというのです。

容器包装プラごみは、軽量で風に飛ばされやすく、特にレジ袋は風船のように風をはらんで予想外に遠くまで移動します。しかもその寿命は定かではなく、数百年ないし千年たっても分解されないともいわれています。こうして流出したごみのうち、あるものは土壌に堆積し、あるものは海にたどりつきます。海洋プラごみの発生源のひとつは、まさしくここにあるのです。

part 1

国連の持続可能な開発目標に向けて世界各国で始まったレジ袋規制

先進国は有料化、途上国は禁止令

２０１５年９月に開催された「国連持続可能な開発サミット」において、国連加盟国１９３カ国は、２０３０年までに達成すべき目標として、「持続可能な開発目標（SDGs《エスディージーズ》: Sustainable Development Goals）」を含む行動計画に合意しました。

そのうちのひとつが「２０３０年までに、廃棄物の発生を大幅に削減する」というもの。これを受けて、プラごみ削減に向けて、各国で様々な取り組みが進められています。

なかでも世界的に広まっているのが、スーパーやコンビニなどで無償配布されてきたプラスチック製レジ袋の規制です。全世界で消費されているレジ袋は、年間１兆～５兆枚。日本だけでも年間３００億～５００億枚も使われているのが現状です。適切に処分されなかったレジ袋は、海洋汚染の原因ともなるため、すでに２０００年代初頭から、規制の動きがありました。

左の地図は、レジ袋を禁止、もしくは有料化している国や地域を色分けして示したもの。多くの国がなんらかの規制に乗り出していることがわかります。

ただし、一人当たりの容器包装プラごみ世界第1位のアメリカでは、レジ袋禁止措置は一部の州のみ。第2位の日本では、一部スーパーでレジ袋が有料化されてはいましたが、業界の反発もあり、なかなか義務化はされてきませんでした。しかし、世界の動きには逆らえず、東京オリンピックが開催される予定だった２０２０年７月に、レジ袋有料化が実施されました。

一方、規制が極めて厳しいのはアフリカです。ケニアやタンザニアでは、レジ袋を含むポリ袋全般の製造・輸入・販売・使用いずれも禁止されており、違反者には禁固刑や罰金刑が科せられます。

総じて、先進国は有料化が多いのに対し、アジア・アフリカの発展途上国は、より厳しい禁止措置をとる国が多くなっています。ここには途上国ならではの問題が潜《ひそ》んでいるのですが、それについてはP34で詳しく見ていきます。

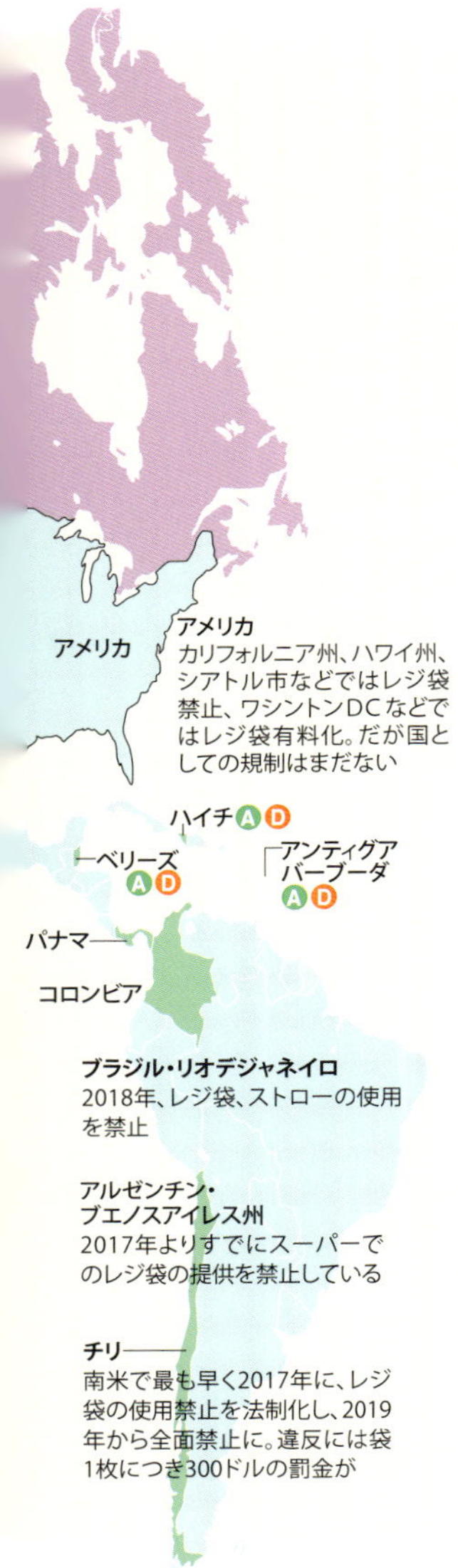
アメリカ
アメリカ
カリフォルニア州、ハワイ州、シアトル市などではレジ袋禁止、ワシントンDCなどではレジ袋有料化。だが国としての規制はまだない
ハイチ A D
ベリーズ A D
アンティグア バーブーダ A D
パナマ
コロンビア
ブラジル・リオデジャネイロ
2018年、レジ袋、ストローの使用を禁止
アルゼンチン・ブエノスアイレス州
2017年よりすでにスーパーでのレジ袋の提供を禁止している
チリ
南米で最も早く2017年に、レジ袋の使用禁止を法制化し、2019年から全面禁止に。違反には袋1枚につき300ドルの罰金が

使い捨てプラスチックを禁止または規制している国と地域

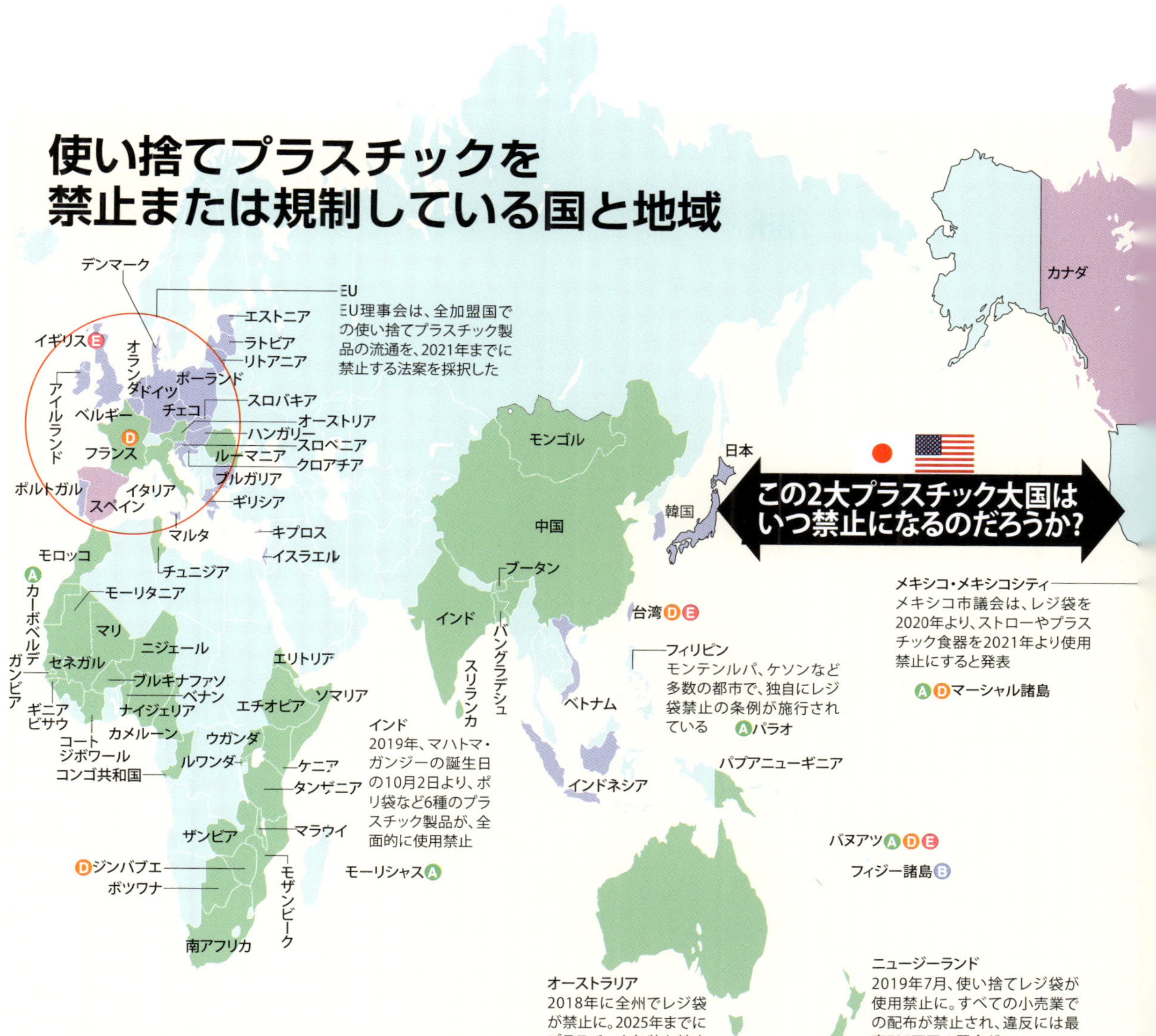

SINGLE-USE PLASTICS A Roadmap for Sustainability、日本貿易振興機構（ジェトロ）地域・分析レポートなどを参考に作成

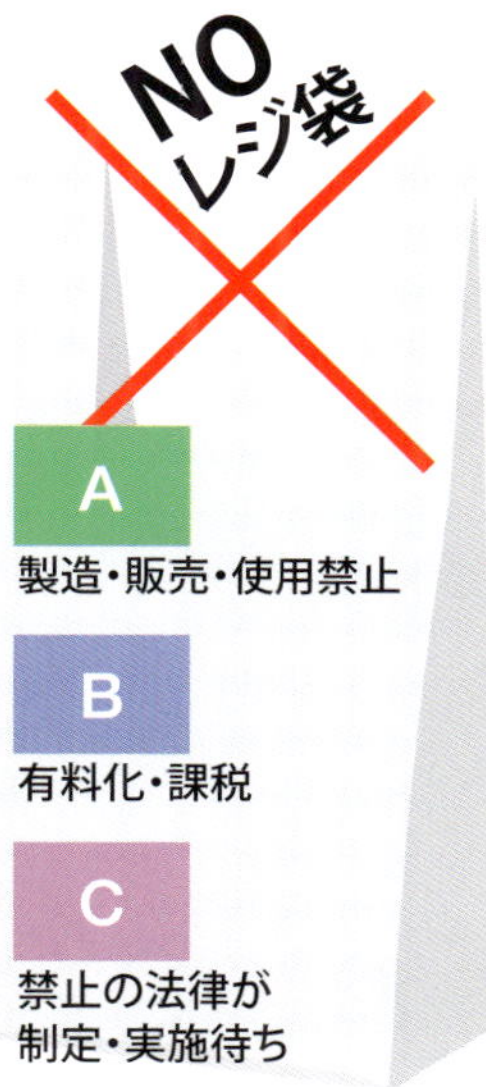

バングラデシュが世界最初の禁止国

1988年の大洪水の一因が、捨てられた大量のポリ袋が排水管を詰まらせたことだったため、2002年、世界で初めてポリ袋の使用禁止に

タンザニアでは違反すると刑務所

製造・輸入すると最高4,600万円の罰金か禁固刑２年以下、使用しても最高9,400円の罰金

ケニアでも

製造・販売で最長4年の懲役か430万円の罰金

もうノープラ生活には戻れない!? 私たちの暮らしの現実

家の中はプラスチック尽くし

ここまで見てきたように、プラスチックは世界中で様々な問題を引き起こしています。そのため近年、プラスチックを使わない生活に関心を寄せる人が増えています。

しかし、プラスチックをまったく使わずに、たった一日でも過ごすことができるでしょうか？　身の回りを見回してみてください。例えば、私たちが着ている服には様々な合成繊維が使われていますが、これもプラスチックの一種です。机の上にあるボールペンや消しゴム、定規など、文房具の多くはプラスチック製。パソコン、携帯電話、CD、DVDもプラスチック製です。

台所には、もっと多くのプラスチック製品が溢《あふ》れています。食品を入れる容器の裏やラップフィルムの箱をよく見てみましょう。ポリエチレン、ポリプロピレンなどと

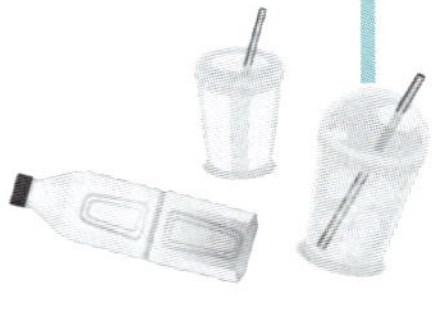

プラスチックに囲まれたカラフルで素敵な生活

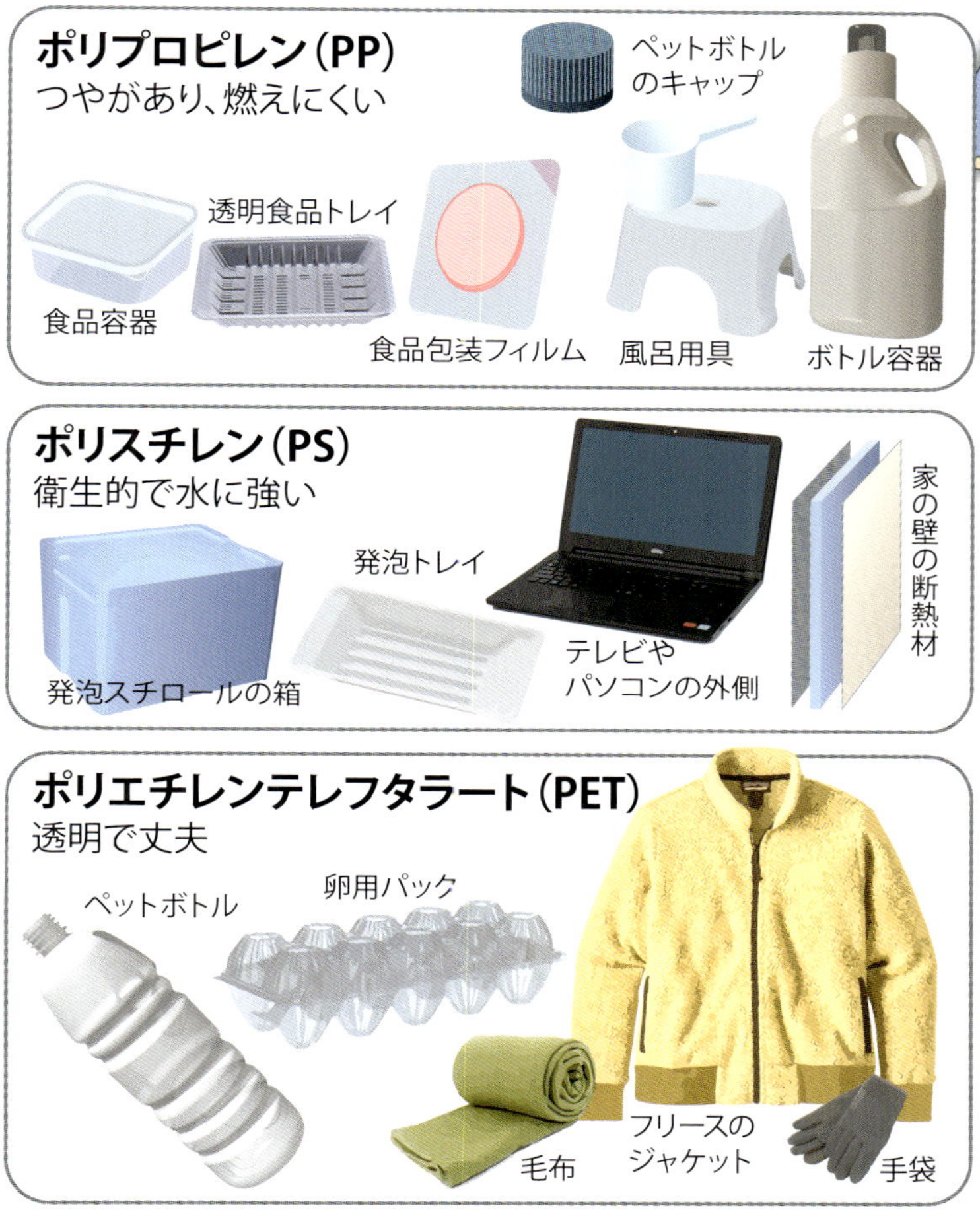

原材料名が書かれているはずです。名前の頭に「ポリ」とつくのは、たいていプラスチックの仲間。飲料の容器として使われるペットボトルの「ペット（PET）」も、ポリエチレンテレフタラートの略称です。

冷蔵庫、掃除機、洗濯機、テレビなど、家電製品もプラスチック製。家具もまた例外ではありません。プラスチックだけでできている衣装ケースもあれば、テーブルの天板のように、一部にプラスチックが使われているものもあります。

それどころか私たちが暮らす住宅も、プラスチック尽くし。浴槽や洗面台から壁、天井、床、水道管に至るまで、様々な種類のプラスチックが使われているのです。

買い物に出かければ、プラスチックのパッケージに入っていない商品を探すのは至難《しなん》の業《わざ》。何かを買うたびに、プラスチックごみが増えていくのが現実です。

これほどまでにプラスチックが利用されているのは、軽くて丈夫で加工しやすく、値段も安い、といった利点があるからです。使うと便利でも、捨てると厄介者《やっかい》になるこの素材と、どのようにつき合っていくべきか、世界中で真剣な議論が始まっています。

プラスチックなくして成り立たない産業界 大量のプラごみは適切に処理されている？

日本のプラごみ年間903万トン

身の回りのものから、自動車や航空機の部材、電子部品、医療機器部品、建築資材、さらには宇宙ロケットに至るまで、いまやあらゆる産業分野でプラスチックが使われています。膨大な量にのぼるこれらすべてが、いずれは廃棄物になるのです。

日本だけ見ても、２０１７年に排出された廃プラスチック量は９０３万トン。そのうち家庭などから出た一般系廃棄物は４１８万トン（46・3％）、産業系廃棄物は４８５万トン（53・7％）という内訳です。

産業系廃棄物は、工場や事業所からまとまった量が排出され、ごみ処理を専門とする業者に引き取られます。これらが適切に回収・処分されていればよいのですが、世界各地でしばしば問題になるのが不法投棄です。日本でも数年前まで業者による不法投棄が絶えず、悪質な不法投棄の後始末に莫大な費用を要した事件もありました。

農業・漁業系プラスチックの盲点

意外にも、いまや農業や漁業の資材もプラスチック尽くし。屋外の厳しい環境の中でも、腐ったり錆《さ》びたりすることがなく、軽くて扱いやすいからです。しかし、自然環境の中で使われるプラスチックは、意図せず放置される危険をはらんでいます。

農業では、ビニールハウスやマルチ（土を覆うシート）、苗用ポット、作物用のネットなどにプラスチックが使われていますが、これらが風に飛ばされたり、農地に取り残されたりすると、環境汚染につながります。

漁業でも、漁船の船体、漁網《ぎょもう》、釣竿《つりざお》、ロープ、運搬用の容器など、多くのプラスチックが使われています。これらの漁具が海に落ちたり、意図的に海に投棄されたりすると、まず回収されることはありません。実はこれが、海洋プラスチックごみの原因のひとつでもあるのですが、これについてはp36で詳しく見ていきましょう。

様々なニーズに応じて多彩なプラスチックが開発されてきた

例えばこんなニーズがあり

- 絹に代わる素材
- シワにならず乾きやすい繊維
- 皮革に代わる素材
- 羊毛に代わる素材
- ガラスに代わる素材
- 割れにくく熱に強い
- 透明で傷つきにくい
- 100℃以上の高温に耐える素材
- 超高温に耐える素材

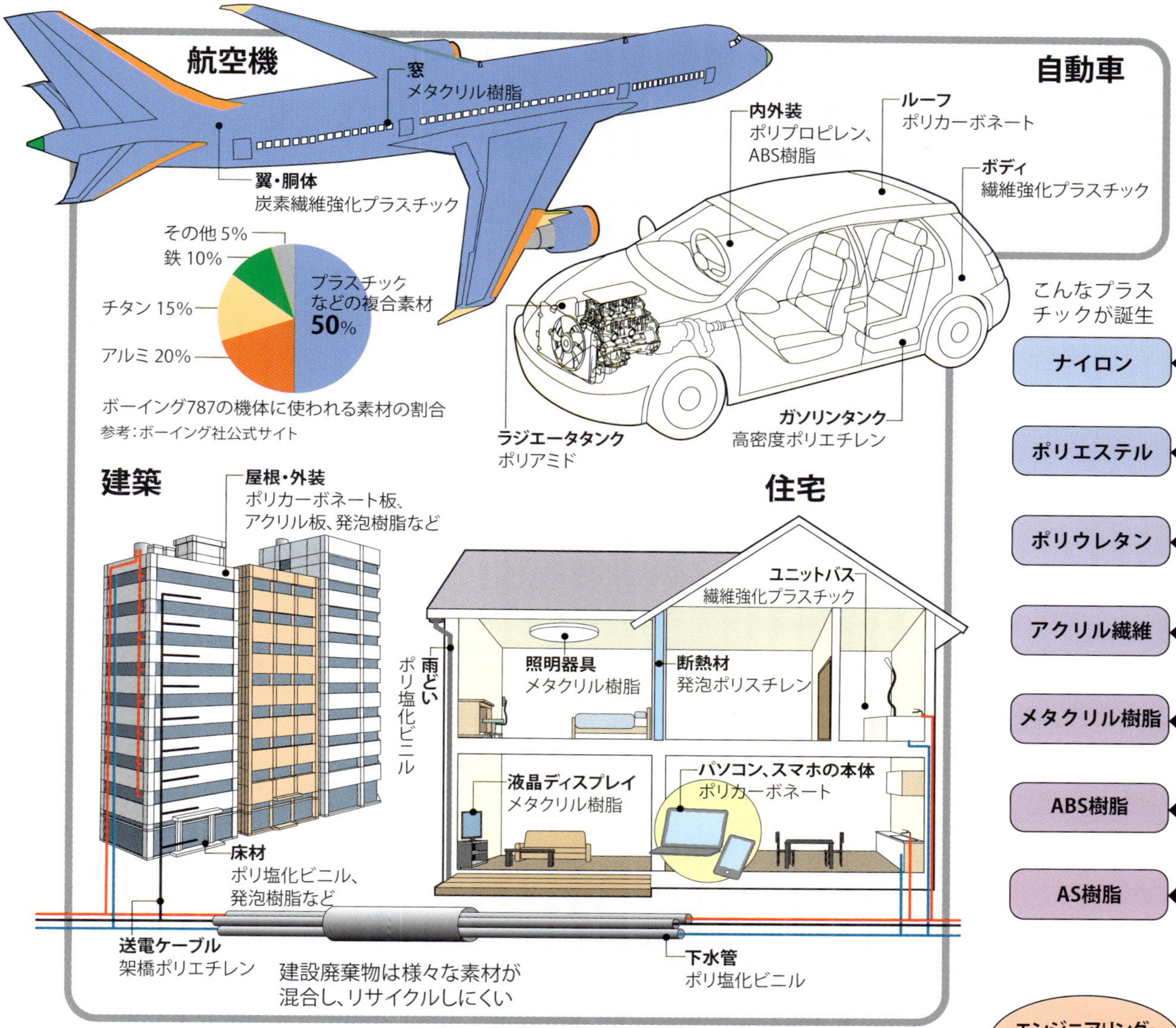
航空機
窓
メタクリル樹脂
翼・胴体
炭素繊維強化プラスチック
その他 5%
鉄 10%
チタン 15%
アルミ 20%
プラスチックなどの複合素材
50%
ボーイング787の機体に使われる素材の割合
参考:ボーイング社公式サイト
自動車
内外装
ポリプロピレン、ABS樹脂
ルーフ
ポリカーボネート
ボディ
繊維強化プラスチック
ラジエータタンク
ポリアミド
ガソリンタンク
高密度ポリエチレン
建築
屋根・外装
ポリカーボネート板、アクリル板、発泡樹脂など
床材
ポリ塩化ビニル、発泡樹脂など
送電ケーブル
架橋ポリエチレン
住宅
雨どい
ポリ塩化ビニル
照明器具
メタクリル樹脂
断熱材
発泡ポリスチレン
ユニットバス
繊維強化プラスチック
液晶ディスプレイ
メタクリル樹脂
パソコン、スマホの本体
ポリカーボネート
下水管
ポリ塩化ビニル
建設廃棄物は様々な素材が混合し、リサイクルしにくい

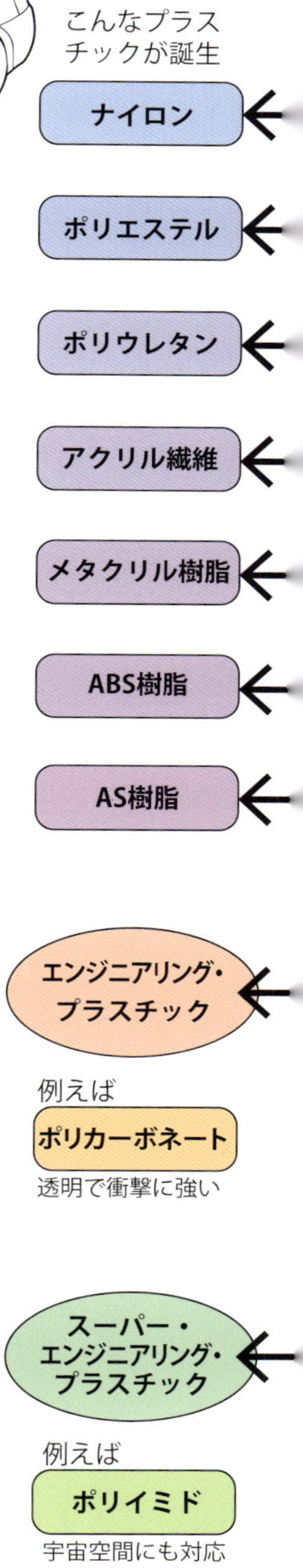
こんなプラスチックが誕生
ナイロン
ポリエステル
ポリウレタン
アクリル繊維
メタクリル樹脂
ABS樹脂
AS樹脂
エンジニアリング・プラスチック
例えば
ポリカーボネート
透明で衝撃に強い
スーパー・エンジニアリング・プラスチック
例えば
ポリイミド
宇宙空間にも対応

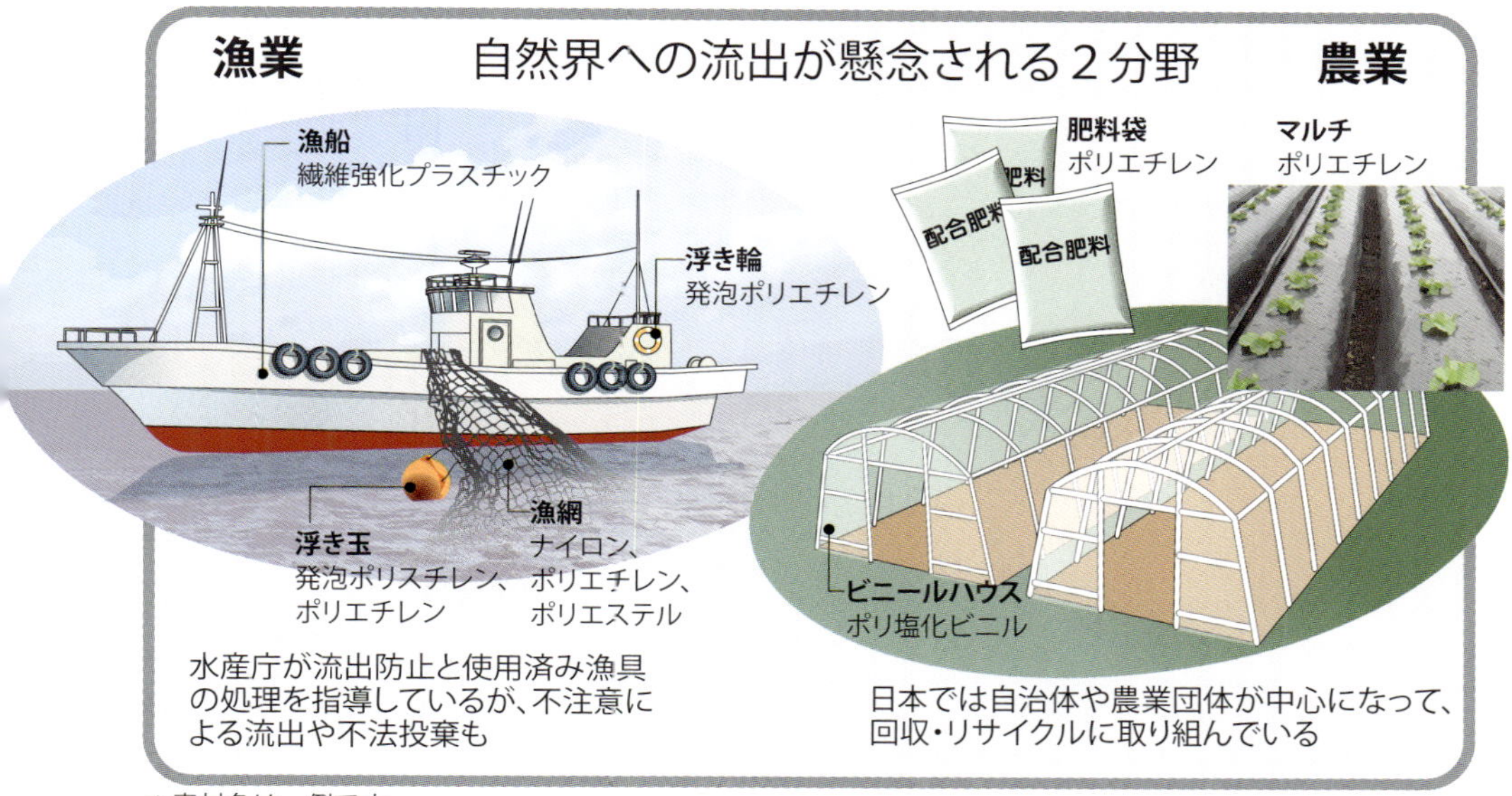
漁業
自然界への流出が懸念される２分野
農業
漁船
繊維強化プラスチック
浮き輪
発泡ポリエチレン
浮き玉
発泡ポリスチレン、ポリエチレン
漁網
ナイロン、ポリエチレン、ポリエステル
水産庁が流出防止と使用済み漁具の処理を指導しているが、不注意による流出や不法投棄も
肥料袋
ポリエチレン
肥料
配合肥料
配合肥料
マルチ
ポリエチレン
ビニールハウス
ポリ塩化ビニル
日本では自治体や農業団体が中心になって、回収・リサイクルに取り組んでいる

＊素材名は一例です

人類は炭素と水素を組み合わせて プラスチックを生み出した

プラスチックはなぜ腐らない？

プラスチックが世界的な問題となっているのは、腐って土に還《かえ》ることがないからです。この「腐らない」という特性があるからこそ、水道管にも利用され、長期間地中に埋めておけるのですが、ひとたび廃棄物になったとたん、長所は短所に転じます。分解されないまま自然界に残り、環境を汚染し、生態系を狂わせてしまうのです。

プラスチックが分解されないのは、人工物であるプラスチックを分解する微生物が、自然界に存在しないためだといわれてきました。近年、一部のプラスチックを分解する微生物の存在が確認されていますが、その分解速度は極めて遅く、ごみ問題の解決策にはなりそうもありません。

そもそも、プラスチックが家庭に普及し始めてから70年ほどしか経っていません。数百年、数千年ともいわれるプラスチックの寿命を見届けることは難しいのです。

石油由来の炭素と水素の錬金術

プラスチックという言葉は、ギリシア語の形容詞 Plastikos に由来し、「形をつくることができる」という意味があります。もともとは粘土や石膏《せっこう》のように、自在に成形できる素材の性質を表す言葉でした。現在のように、特定の人工素材をプラスチックと呼ぶようになったのは、20世紀になってからのことです。

プラスチックは、「合成樹脂《ごうせいじゅし》」とも呼ばれます。樹脂（レジン）とは、もともとは植物から分泌される松ヤニのような物質のこと。粘性があり、形をつくって固まる性質、つまり可塑性《かそせい》があります。この性質が似ているため、天然の樹脂に対して合成樹脂という言葉が生まれましたが、厳密にいえば、プラスチックは樹脂ではありません。

プラスチックの原料は石油です。石油の成分は、ほとんどが炭素と水素なので、プラスチックも炭素と水素をもとにしてできています。炭素を含む化合物のことを炭素化合物、または一部例外を除き有機化合物ともいいますが、生命体もそのひとつです。意外に思えますが、プラスチックは無機物ではなく、人体と同じ有機物なのです。

炭素という原子は、化合物をつくる天才で、ほかの原子と結びついて無数の化合物を生み出します。特に炭素と水素の組み合わせは無限にあるとされ、化学構造が少し違うだけで、性質の異なる化合物が生まれます。これを利用して人工的につくり出されたのが、様々な種類のプラスチックです。

次のページからは、プラスチック問題を考えるために最低限知っておきたいプラスチックの化学的特性を見ていきましょう。

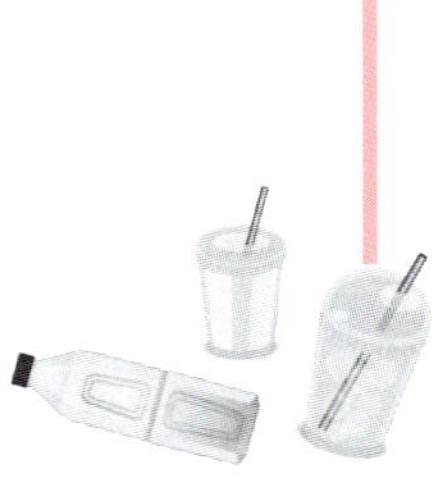

プラスチックは石油から生み出される。その工程を知っておこう

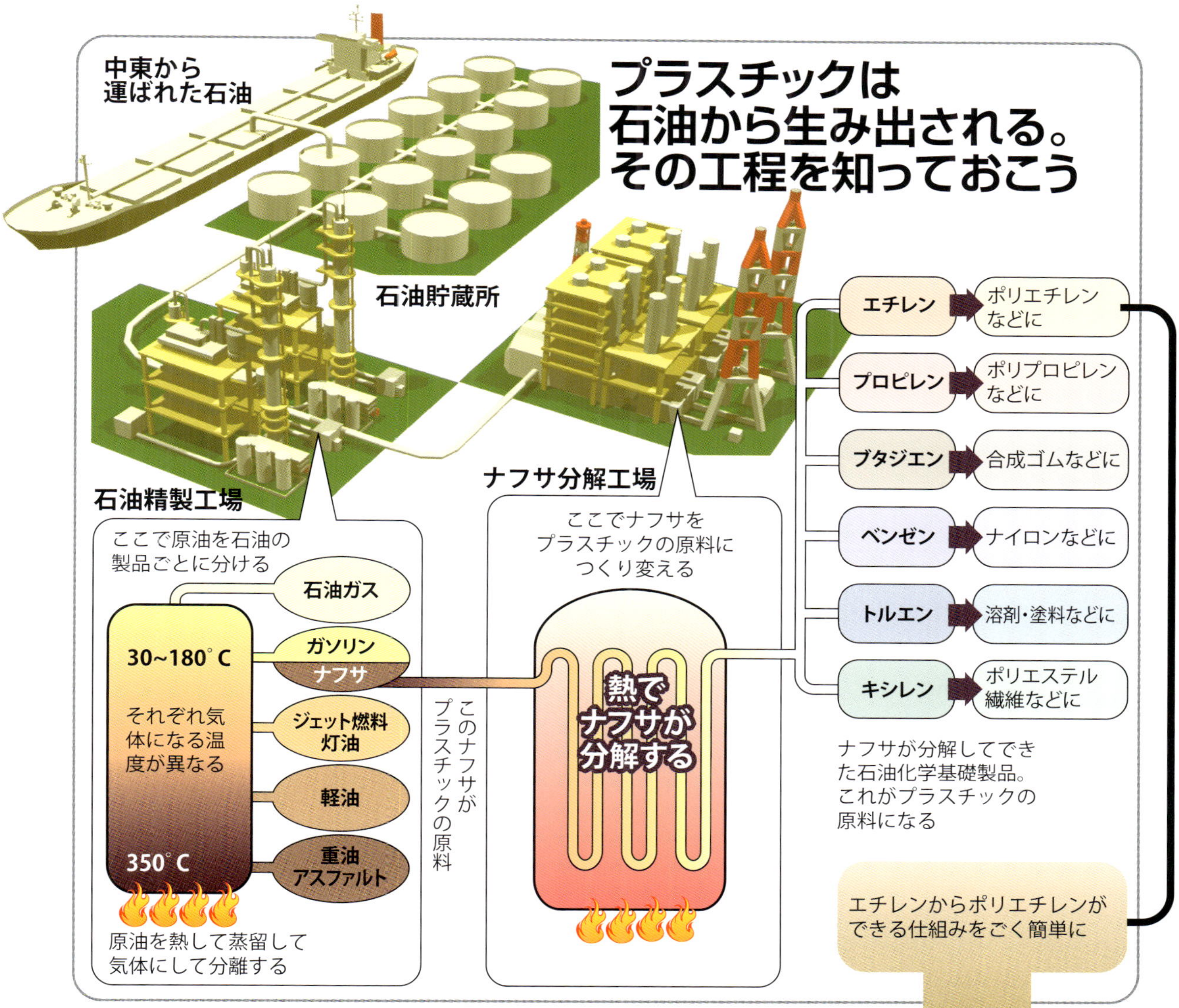

炭素が主役です

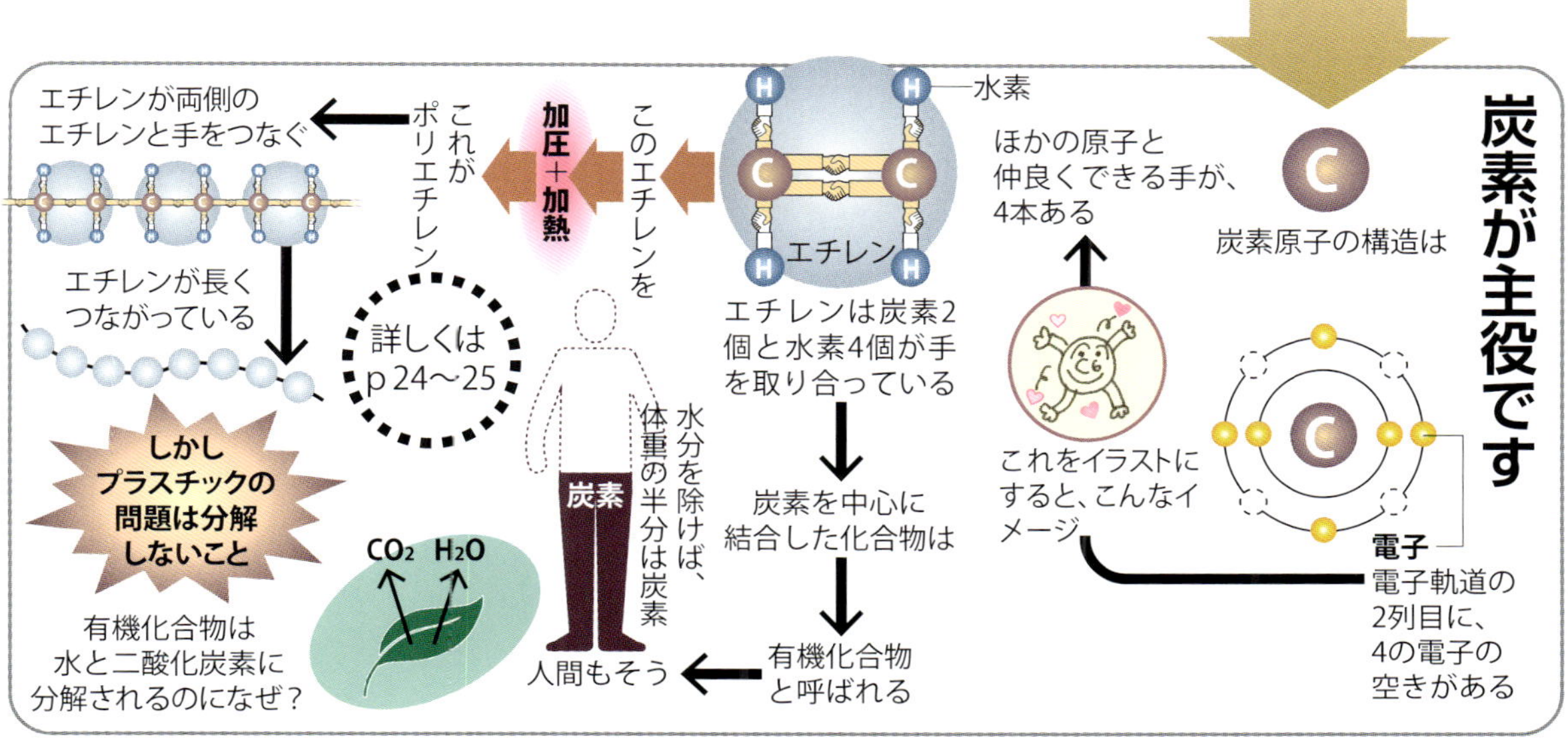

プラスチックは性質により、熱可塑性と熱硬化性に分けられる

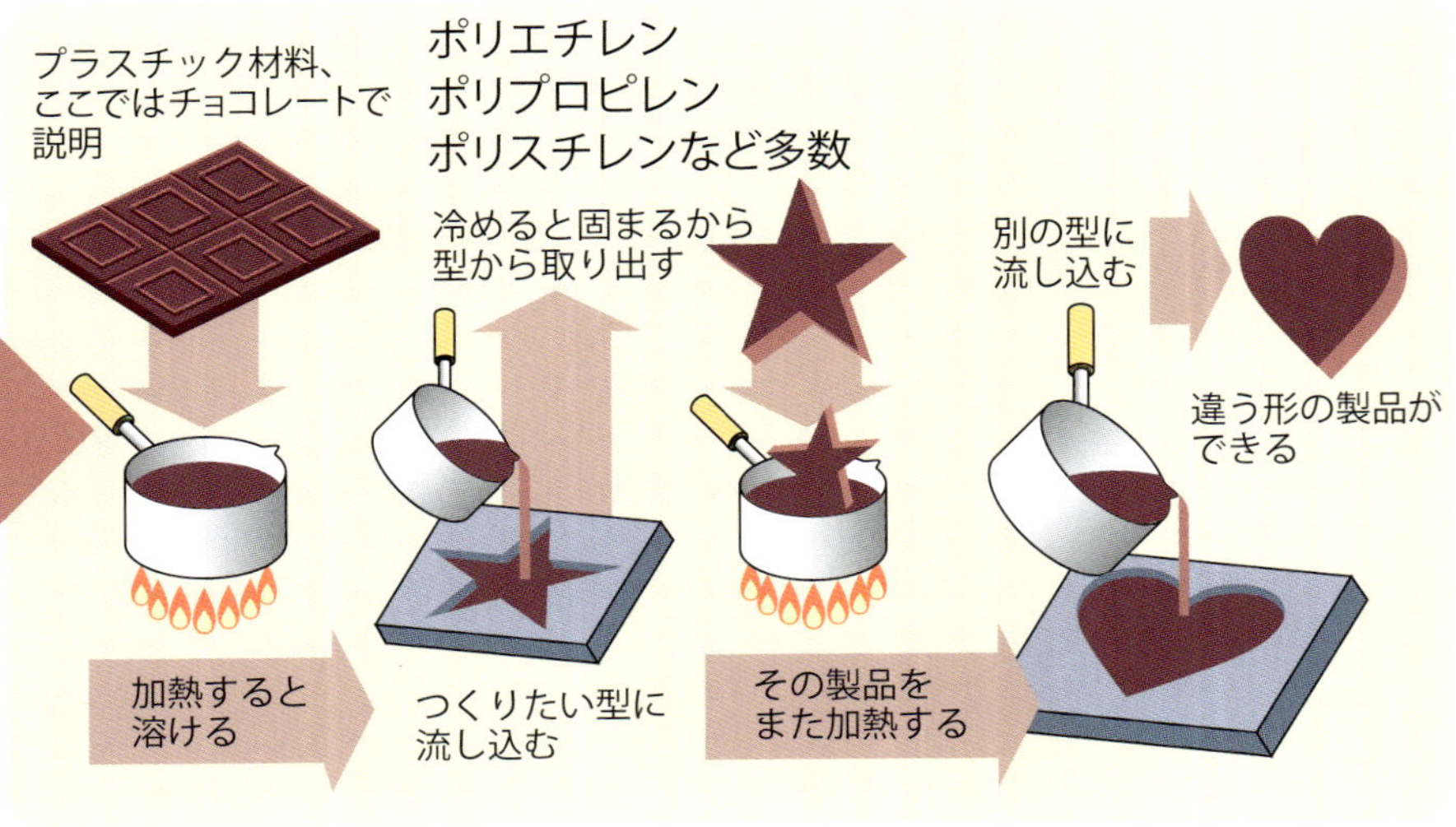

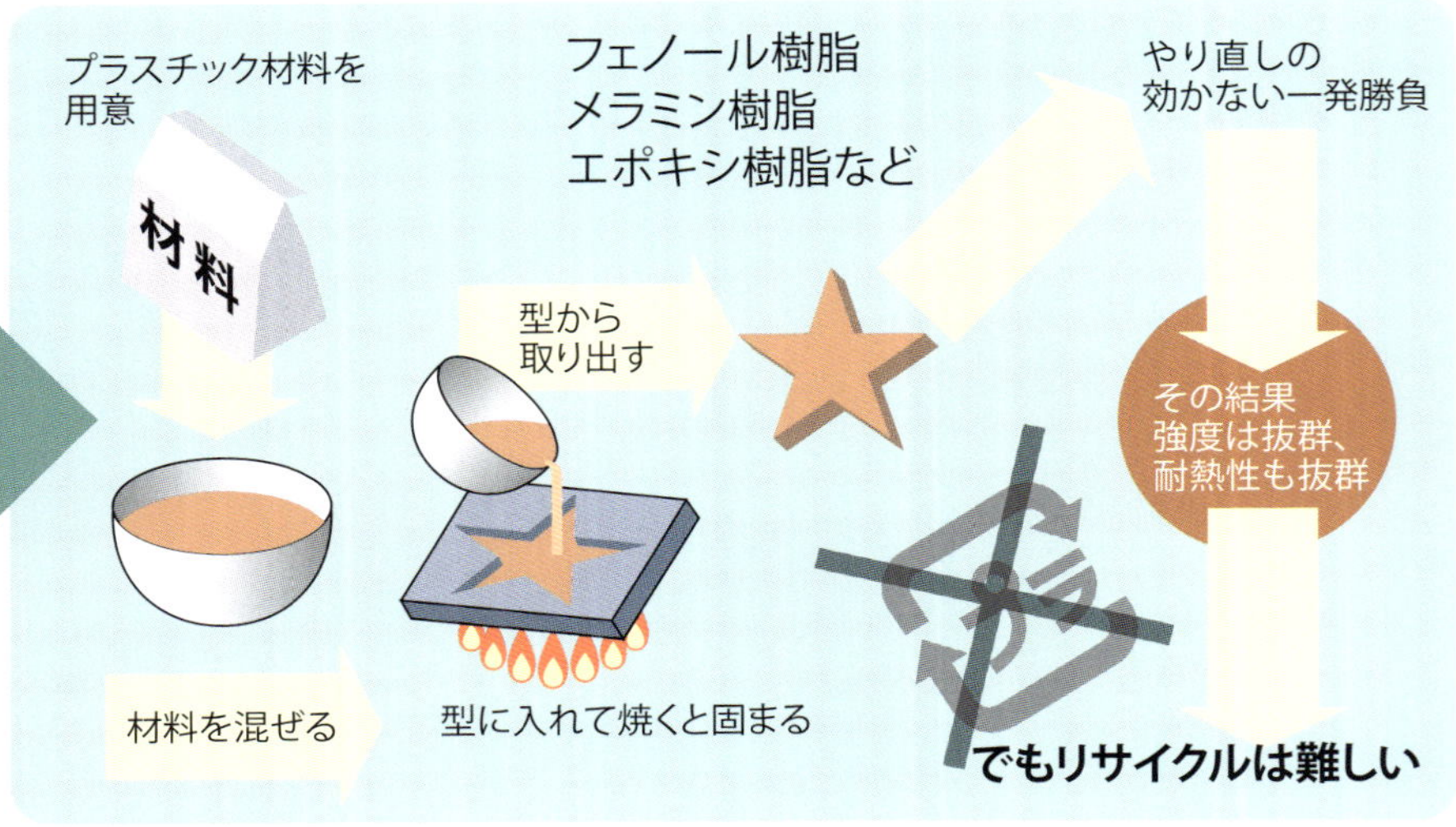

何度でも成形できる熱可塑性樹脂

プラスチックには、思い通りの形に固められる可塑性《かそせい》という性質があると前述しましたが、すべてのプラスチックに半永久的な可塑性があるわけではありません。

プラスチックは、大きく2種類に分類されています。ひとつは「熱可塑性」、もうひとつは「熱硬化性」という性質をもつプラスチックです。

熱可塑性プラスチックは、加熱すると軟らかくなり、冷えると固まります。そのため何度でも溶かして、成形しなおすことができます。よくたとえられるのが、チョコレートです。チョコレートを溶かして型に入れ、冷やすと固まります。これを再び溶かし、別の形につくることもできます。何度加熱しても、チョコレートはチョコレートのままです。

プラスチックの2つのつくり方

熱可塑性プラスチック
よくチョコレートの作り方にたとえられる

Plastic
工房
今度はカメを
つくろう

plasticはギリシア語のplastikos「形をつくることができる」に由来

熱硬化性プラスチック
よくクッキーの作り方にたとえられる

一度焼いたら
完成だよ
はあ〜い

私たちが日常的に使う機会の多いプラスチック類、ポリエチレン、ポリプロピレン、ポリ塩化ビニルなどは、熱可塑性です。レンジの近くにうっかりキッチン道具を置き忘れ、変形してしまったとしたら、それは間違いなく熱可塑性プラスチックです。

リサイクルできない熱硬化性樹脂

一方、熱硬化性プラスチックは、熱を加えると化学反応が起こって硬くなりますが、一度固まると、もう元には戻りません。こちらはクッキーのつくり方によく似ています。材料を混ぜて加熱すると、クッキーができあがります。しかし、再び熱を加えても、溶けて材料に戻ることはありません。

熱硬化性には、世界で初めて発明された合成樹脂《じゅし》であるフェノール樹脂（ベークライト）や、エポキシ樹脂、メラミン樹脂などがあります。熱しても溶けない長所を活かし、鍋やフライパンの取っ手から、自動車や航空機の機体まで、耐熱性が求められるものに使われています。

ただ、この長所は短所にもなります。一度固まったら二度と溶けない、ということは、リサイクルが極めて困難なのです。

プラスチックとは、小さな分子がいくつもつながった高分子化合物

モノマーをつなげてポリマーに

　プラスチックは、普通の物質とどこが違うのでしょう？　あらゆる物質は、分子からできています。その分子を構成するのは、いくつかの原子です。例えば水の分子は、水素原子2個と酸素原子1個からできています。とても単純で小さな分子です。

　では、レジ袋などに使われる代表的なプラスチック、ポリエチレンの分子構造を見てみましょう。ポリエチレンは、炭素2個、水素4個から成るエチレンという分子を人工的にたくさんつなげたものです。基本になる分子（この場合はエチレン）のことを「モノマー（単量体《たんりょうたい》）」、モノマーをつないでできたものを「ポリマー（重合体《じゅうごうたい》）」といいます。「モノ」とは「ひとつ」、「ポリ」は「たくさん」という意味です。

　あらゆるプラスチックは、モノマーをいくつもつなげてポリマーにしたもの。「ポリ」がつく名前が多いのは、そのためです。

　こうしてできたポリエチレンは、多数の炭素と水素が鎖のようにつながって、大きな分子を構成しています。このように長くて大きい分子のことを「高分子」といいます。実は、自然界にも高分子がたくさん存在します。私たちの体をつくっているタンパク質、DNAなども高分子です。

付加重合でポリエチレンをつくる

　では、どのようにして人工的にポリマーをつくるのでしょう？　ここで重要なのは原子価です。原子価とは、いわば、ほかの原子とつながるための原子の手の数です。

　原子の手の数は原子ごとに決まっていて、水素は1本、酸素は2本です。プラスチックに欠かせない炭素には手が4本あるので、ほかの原子と様々な結びつき方をして、多彩な分子をつくり出します。

　左に示したのは、エチレンというモノマーが、ポリエチレンというポリマーに変わるプロセスです。エチレンは、炭素2個と水素4個からできていますが、炭素の手が1本ずつ余ってしまうので、炭素同士が二重に握手をしています。これを二重結合といいますが、二重結合をもつ分子は、ポリマーをつくりやすくなります。

　いくつものエチレン分子が隣り合った状態で、熱や圧力を加えたりすると、二重結合の手がはずれ、隣の分子の炭素と手をつなぎなおします。この組み換えが何百、何千回も繰り返されると、ポリマーになるのです。このように、手を組み換えて連鎖的にポリマーができていく反応を「付加重合《ふかじゅうごう》」といいます。ポリスチレン、ポリ塩化ビニル、ポリプロピレンなども、付加重合によってつくられるプラスチックです。

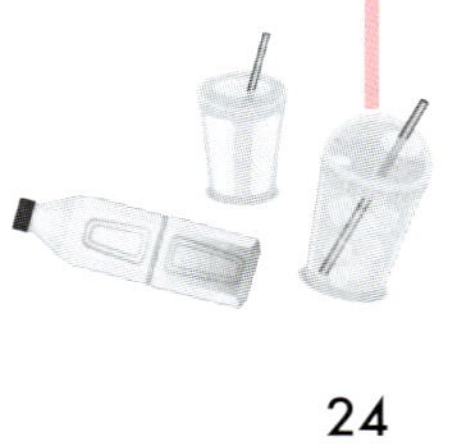

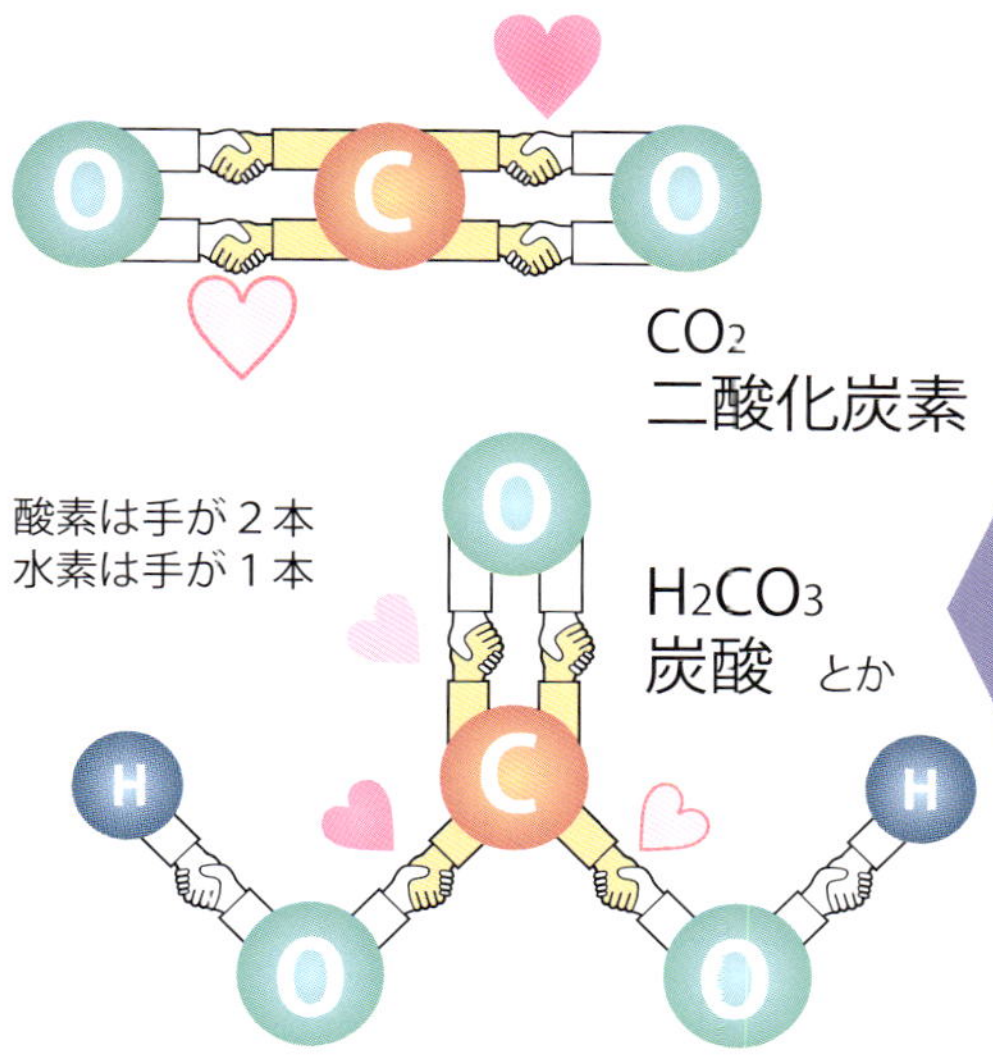

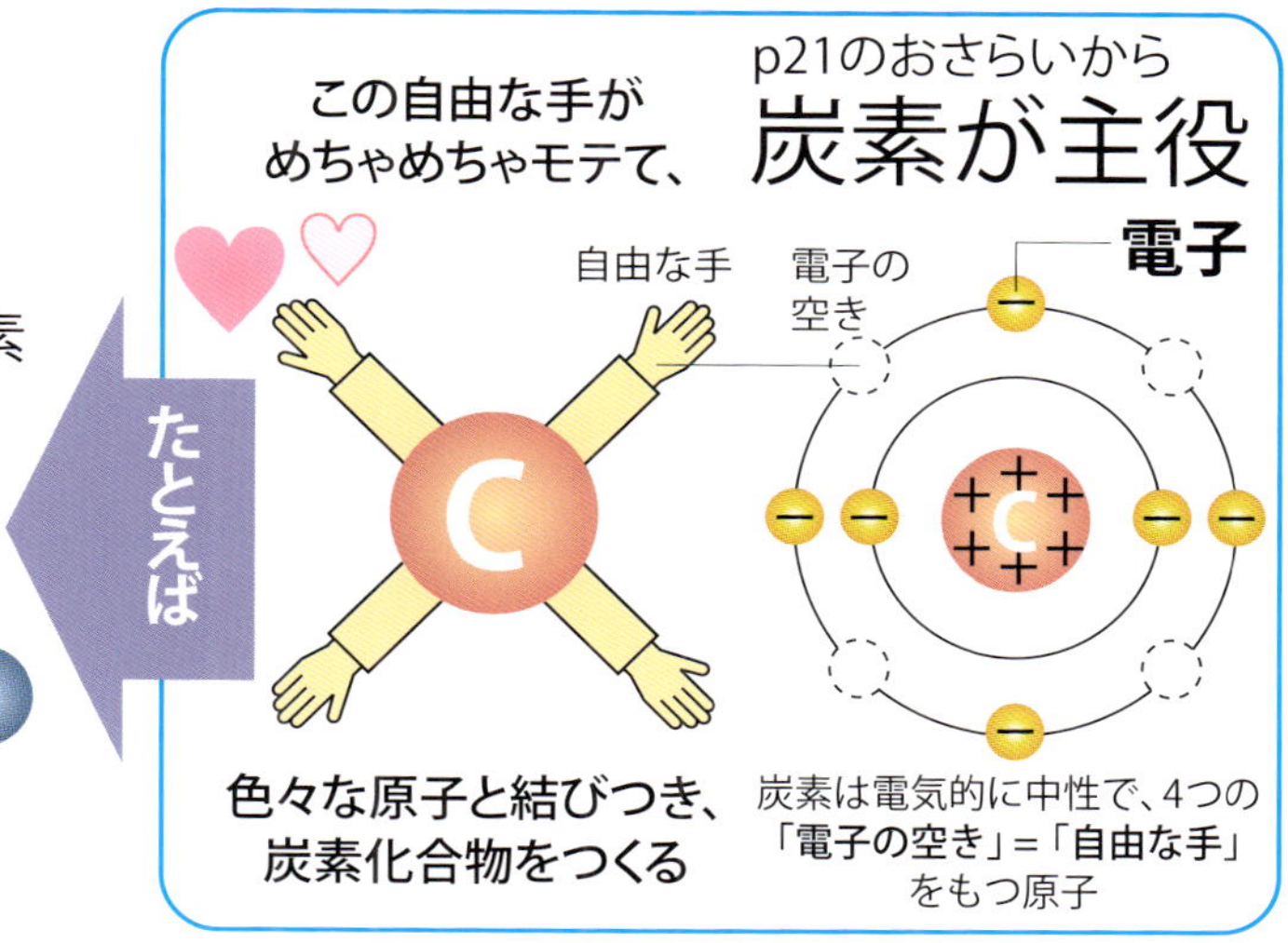

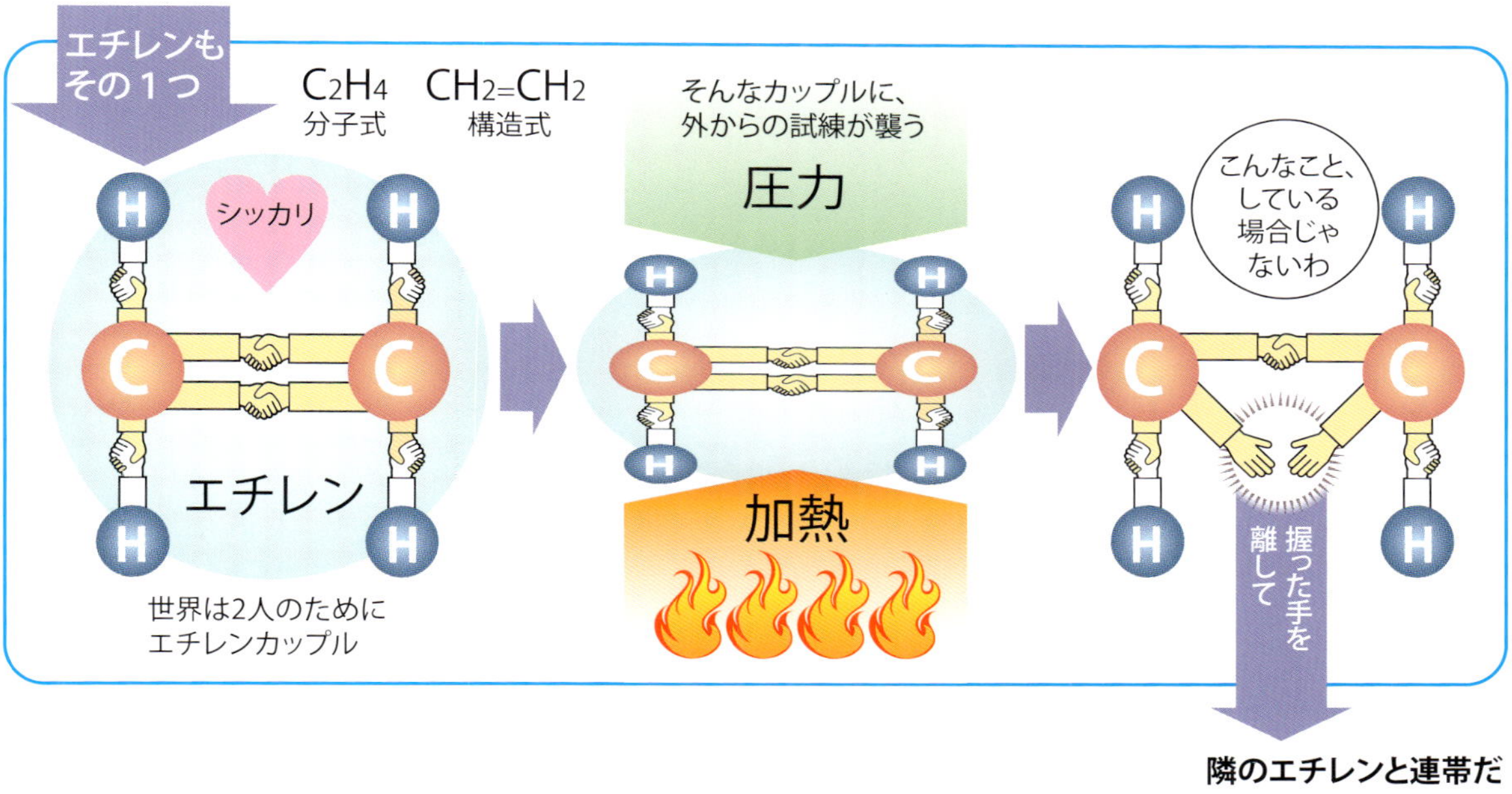

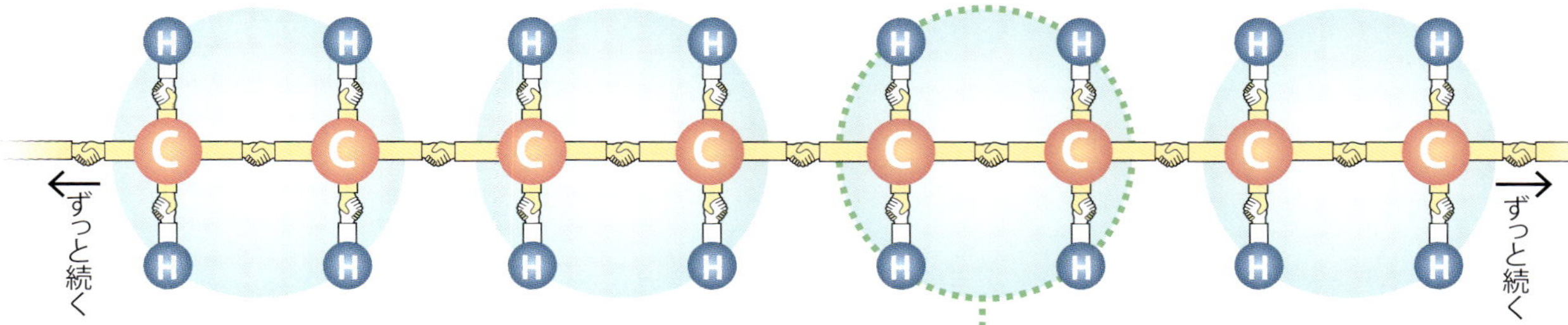

モノマー
モノ＝単独、
１つのこと

モノマーが二重結合や三重結合の手を組み替えて、**ポリマー**になる
ポリ＝たくさん、という意味

こうして
ポリエチレンが
できる

これを「付加重合」という
ポリマーは、高分子化合物ともいわれる

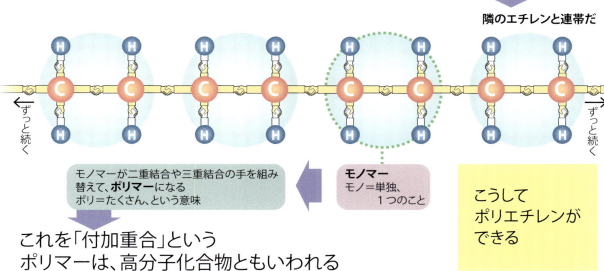

part 2

異なるモノマーをつなぐことも つないだ手をほどくこともできる

脱水を利用した縮合重合

前項では、付加重合《ふかじゅうごう》によってつくられるプラスチックを取り上げましたが、重合法には、このほかに縮合重合《しゅくごうじゅうごう》と呼ばれるものがあります。縮合重合とは、2つの分子から一部分が抜け落ち、残った部分が結合してポリマーができること。たいていの場合、抜け落ちるのは水です。

縮合重合は付加重合と違って、異なるモノマー同士をつなげて、新しい性質をもつ素材をつくることができます。

左の図は、縮合重合をごく単純化して示したもの。モノマーAとモノマーBをつなぎたいのですが、それぞれの分子の端には水素や酸素がつながっていて邪魔をしています。ここに熱を加えたりして化学反応を起こすと、水素2個と酸素1個が結びつき、水になって抜け落ちていきます。つまり脱水です。水が抜けた分、端っこの原子の手があきます。そのおかげでAとBは直接手をつなぐことができるようになります。

縮合重合によってつくられるプラスチックには、ポリエステル、ポリアミド（ナイロン）などがありますが、なかでもよく目にするのは、ポリエステルの一種、ポリエチレンテレフタラート（PET）でしょう。PETは、テレフタル酸とエチレングリコールという2つの成分を縮合重合させたもので、ペットボトルの原料としてお馴染《なじ》みです。

解重合でポリマーからモノマーへ

プラスチックの重合法はほかにも様々あり、化学者たちはいろいろなモノマーをつなぎ合わせて、数えきれないほどのプラスチックをつくってきました。

それとは反対に、ポリマーを再びモノマーに分解することを、解重合《かいじゅうごう》といいます。プラスチックごみが問題となっているいま、リサイクルの一手段として重要視されているのが、この解重合です。

「プラスチックは分解されない」と言われることがありますが、これは「自然のままでは分解されない」ということであって、重合と逆の化学反応を起こすことによって分解することは、理論上は可能です。

例えば、水が抜け落ちて縮合重合したなら、水を加えれば元に戻ると考えられます。実際はそれほど単純ではなく、様々な条件や複雑な工程を必要としますが、すでにPETをテレフタル酸とエチレングリコールという2つのモノマーに戻し、再利用する技術などが、実用化されています。

このプラスチックリサイクルの実態と問題点については、p46以降でさらに詳しく見ていきましょう。

ペットボトルは「水」を使ってつくられる!?

H_2Oを操作する「縮合重合」でPETをつくる

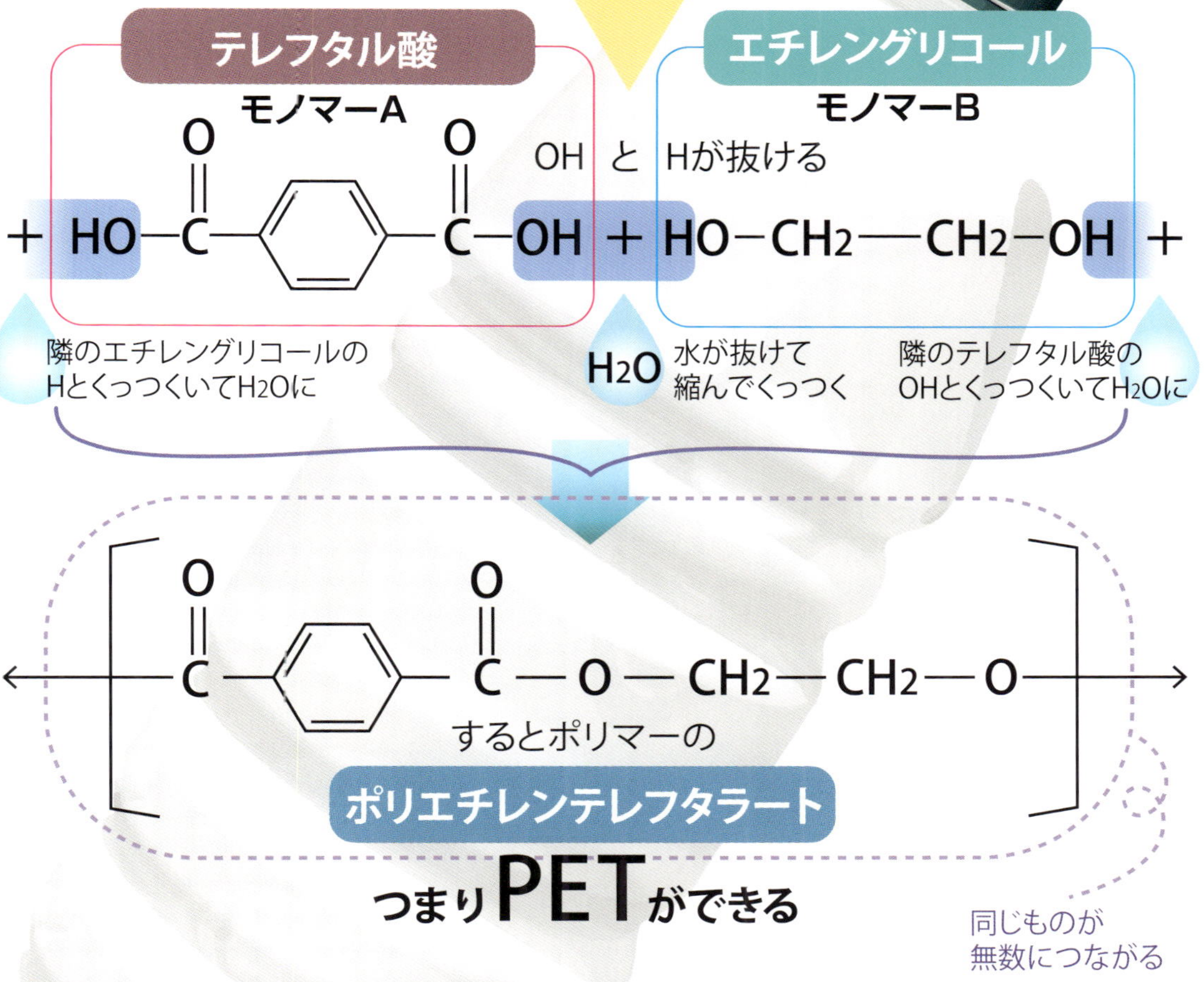

そこでアイデア

また「**水**」H_2Oを足せば、
ペットボトルはリサイクルできる!?

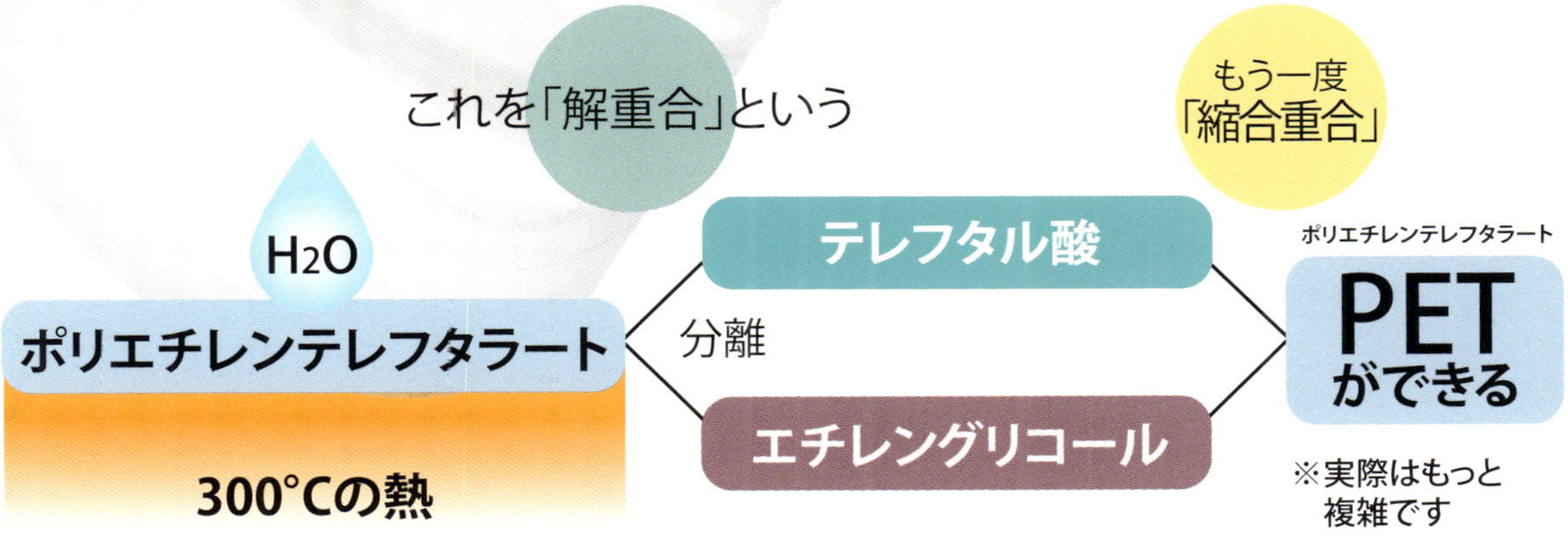

※実際はもっと複雑です

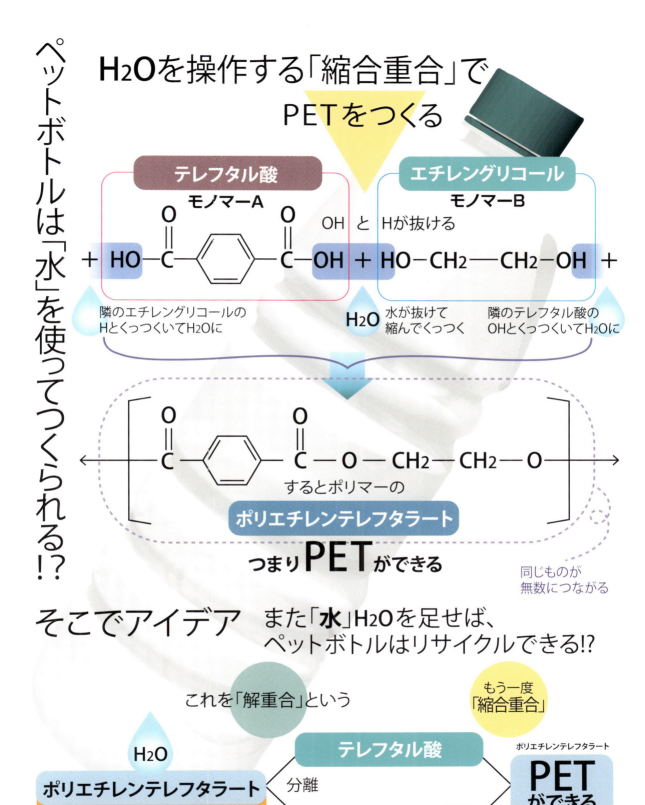

1971年
江東vs杉並
東京ごみ戦争
勃発
東京都のごみの大半は江東区の夢の島に埋め立てられていた
ごみ焼却炉をつくろう
ごみは燃やそう
江東区でハエが大発生
ところが杉並区民が焼却炉建設に反対
絶対反対
反対
ゴミ工場
これには江東区民が怒った
なにを!
杉並区のごみの受け入れを拒否する
杉並のゴミは持ち帰れ
反対
杉並区がごみで溢れた

part 3

プラスチックと環境問題①

都市ごみ処理の移り変わり 埋めても燃やしても問題が

プラごみのダイオキシン問題

環境問題が初めて世界的議題となったのは、１９７２年のストックホルム会議（国連人間環境会議）でのこと。急速な工業化が、自然破壊や公害をもたらし、プラスチックごみへの危機感も高まっていました。

当初プラごみは、ほかのごみと一緒に埋め立てか焼却処分されていました。プラごみは埋め立てても土に戻りません。また、当時のごみ焼却炉では、プラスチックを燃やすと高温を発して炉を傷めたり、大気汚染の原因になる煤塵《ばいじん》を排出したりする問題がありました。さらに、ごみ処理への不安感を煽《あお》る事件が起こります。

１９７６年、イタリア北部セベソの農薬工場で爆発事故が発生。有害なダイオキシン類が飛散し、住民の健康被害や家畜の大量死を招きます。このダイオキシン類が、

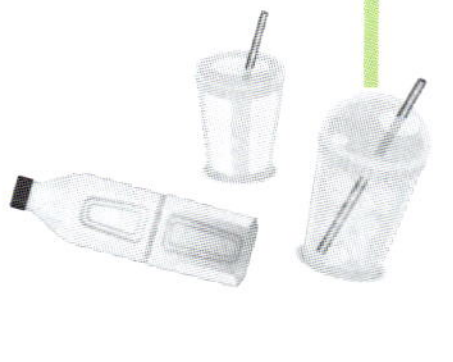

その後、オランダ、日本など、各国のごみ焼却炉から検出され、大問題になりました。

一時は「プラスチックを燃やすとダイオキシンが発生する」ともいわれましたが、現在では、この説は否定されています。ダイオキシン類は、炭素、水素、酸素、塩素が燃焼する過程で生じますが、プラスチックは主に炭素と水素からできているので、焼却時に発生するのは二酸化炭素と水です。

ダイオキシン発生につながるのは、塩素を含むもの。例えば、ポリ塩化ビニルや、ラップフィルムの原料でもあるポリ塩化ビニリデンがあげられます。ただ、実際の焼却炉には、塩素を含んだ雑多なごみが混在しています。食塩や醤油《しょうゆ》が混じった生ごみでさえ、ダイオキシン発生源になり得るのです。そのため最新の焼却炉には、二重三重のダイオキシン対策が施され、発生量が大幅に削減されるようになりました。

プラスチックのリサイクルが始まったのは、1990年代以降のことですが、プラごみはますます増え続けています。さらに、プラごみが再生可能な資源として、国境を越えて取引きされるようになったことで、新たな問題が生じることになります。

国境を越えるプラスチックごみ 中国が輸入禁止を決断するまで

欧米・日本はプラごみ輸出
世界から中国にプラごみが集まった
自国で処理するより輸出できれば大助かり
発展のために資源が必要 プラごみを高値で買いますよ
零細なプラごみ処理業者によって、人手による分別処理が行われた
中国の経済成長と日本からのプラごみ輸入の推移
160 (万トン)
140
120
100
80
60
40
20
0
当時の中国は、まだ大規模な石油化学プラントを持っていなかった。GDPの増加とともにプラごみの輸入も増加した
日本からのプラごみ輸入量
GDP
02
01
2000
99
98
97
96
95
94
93
92
91
1990

先進国が輸出したのは環境汚染だった

２０１７年末をもって、中国はプラごみ輸入を禁止しました。p10～11では、そのあらましを図説しましたが、ここでは禁止に至るまでの経緯を見てみましょう。

中国は改革開放政策のもと、１９８０年代から工業化を推進。プラスチックの需要《じゅよう》も高まりますが、プラスチックを自国でつくるには、石油プラントの建設から始めなくてはなりません。それよりも、プラごみを再生したほうが効率がいいため、中国はプラごみを資源として欧米や日本から輸入。再生加工した製品を輸出することで、国の経済成長を支えてきました。

プラごみを輸出する側にもメリットがありました。自国でリサイクルすると、設備費や人件費など多額の費用がかかるごみを、中国は高く買い取ってくれたのです。

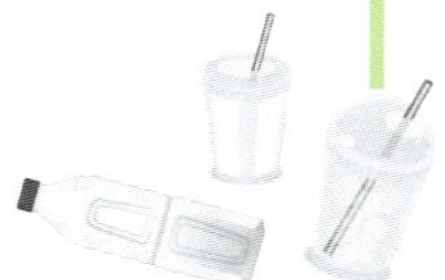

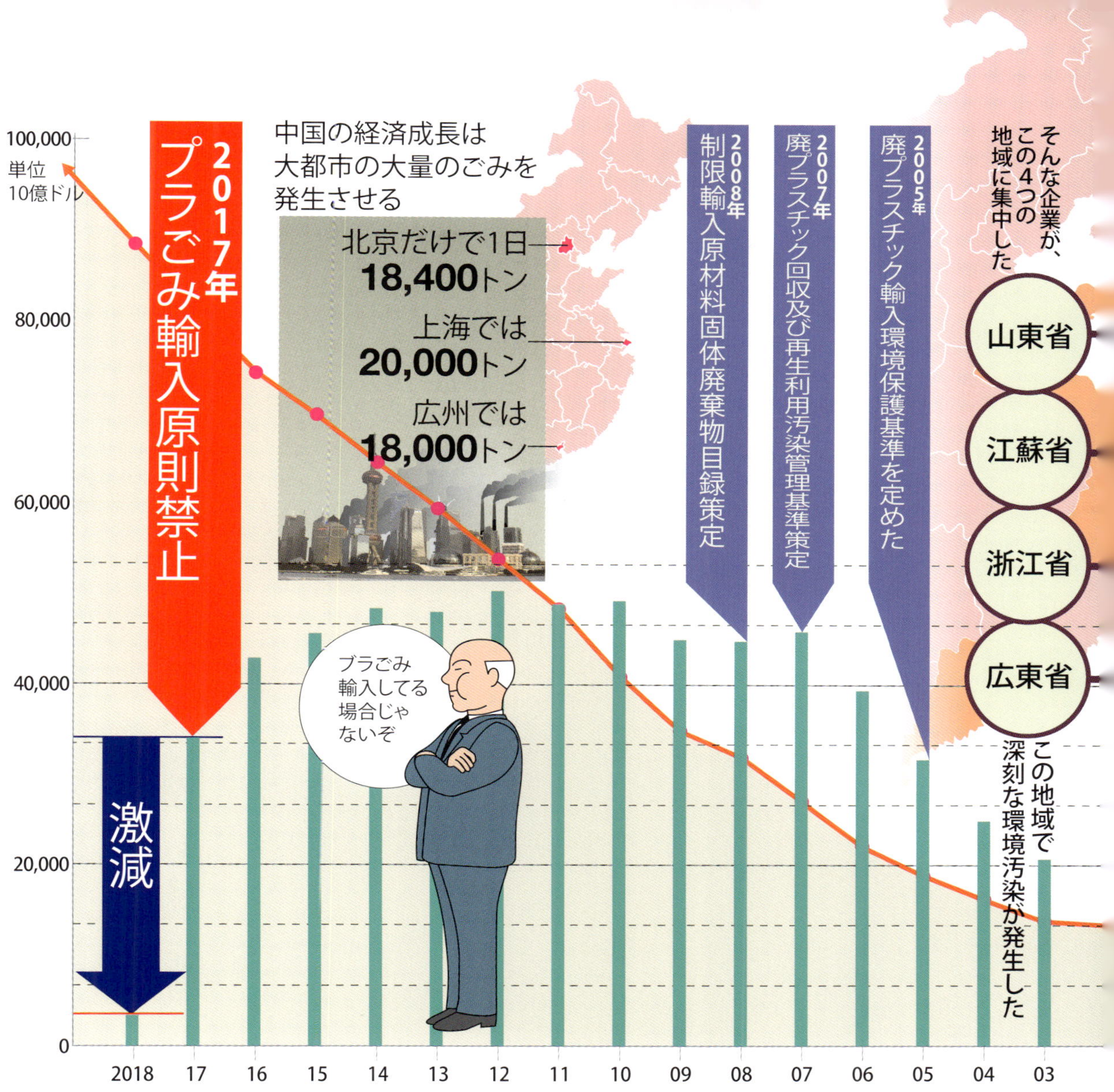

1990年代から2000年代にかけて、タイ、ベトナム、インドネシアなど経済力をつけたアジア諸国でも、プラごみの需要が高まります。こうしてプラごみは国境を越えてリサイクルされるようになりました。

しかし、輸入されたごみの中には、汚れているもの、分別されていないもの、有害物が混入したものなど、そのままではリサイクルできないものも含まれていました。それらを手作業で仕分けするのは、安い賃金で雇われた現地の人々です。親の手伝いで、不衛生なごみの山を漁《あさ》る子どもたちの姿もありました。処理しきれないごみの山は放置され、野焼きされて有害物質が発生したり、一部のごみが川に流れ出たりと、深刻な状況が何年も続いていました。

先進国は、ごみを輸出してリサイクルしたつもりになっていましたが、その実、環境汚染を相手国にもたらしていたのです。

中国がプラごみ禁輸を断行したのも、第一に環境汚染を食い止めるためでした。過去10年の間に急速な発展を遂げた中国は、いまやプラスチックの一大生産・消費国となり、国内で発生する大量のプラごみの対策という新たな問題を抱えています。

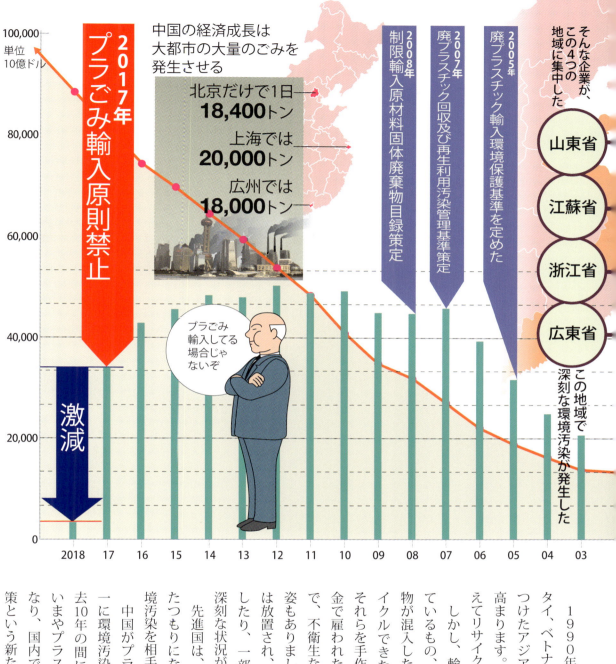

中国禁輸後、アジア諸国もプラごみ拒否 バーゼル条約改正に至る

不法ごみを送り返す事態も多発

中国のプラごみ輸入禁止が実施された2018年、全世界のプラごみ輸出量は半減しますが、残りは一斉に東南アジアなどに流れました。急激に増えたプラごみのコンテナが、港に溢《あふ》れる事態を受けて、輸入規制を表明する国が相次ぎました。

2019年10月現在、マレーシアは実質的に輸入禁止、タイは2021年から全面輸入禁止、インドネシア、インドも輸入禁止を表明。従来から輸入を制限していた国も、規制を強化しています。

この素早い対応は、「アジアは先進国のごみ捨て場ではない」という、かねてからの不満の表れでもありました。

インドネシアでは、すでに1990年代から、プラごみのコンテナが港に置き去りにされる事件や不正ごみの輸入が問題になっていました。中国禁輸後の2019年6月にも、アメリカから輸入したコンテナに、再生できない食べ残し入りプラ容器や使用済み紙おむつが入っていたことが発覚し、送り返す事態が起きています。

フィリピンでも、2014年にカナダから再生資源と偽って、大量の家庭ごみが送りつけられ、以来5年経っても、カナダが引き取りに応じなかったことに対し、ドゥテルテ大統領は「フィリピンをごみ捨て場にした」と激怒しています。2019年2月にも、韓国からフィリピンに不法輸出されたプラごみ6300トンのうち、一部が送り返されたものの、輸出した業者は雲隠れするという事件が発生。ごみ輸出業者の倫理観の欠如が問題視されています。

また、中国禁輸後は、密輸や不正輸入も横行。2018年5月には中国で輸入できなくなったプラごみを、中国系業者がタイに密輸し、摘発《てきはつ》されています。

このほか、中国禁輸によってプラごみ輸入が最も増えたマレーシアでは、リサイクル処理に携《たずさ》わる多くの工場が、環境規制を順守しないまま操業。違法工場が密集する地帯では、水質汚染が深刻化しています。

こうした事態を受けて、2019年5月には、有害廃棄物の越境を取り締まる国際条約であるバーゼル条約が改正され、2021年から「汚れたプラスチックごみ」を新たな規制対象とすることが決定。これにより、輸入国の許可がない限り、汚れたプラごみは輸出できなくなりました。

「自国のごみ処理も不十分なのに、なぜ他国のごみまで受け入れなければならないのか。リサイクルは自国でするべきだ」と、インドネシアのジョコ大統領が批判したように、他国に依存してきた先進国のリサイクル政策は、早急な転換を迫られています。

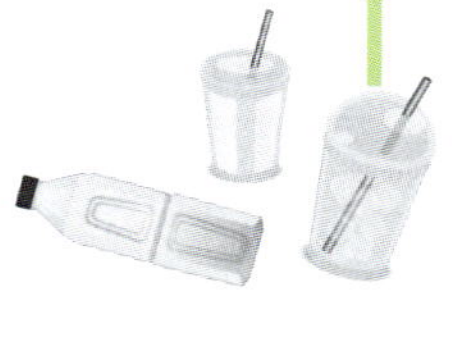

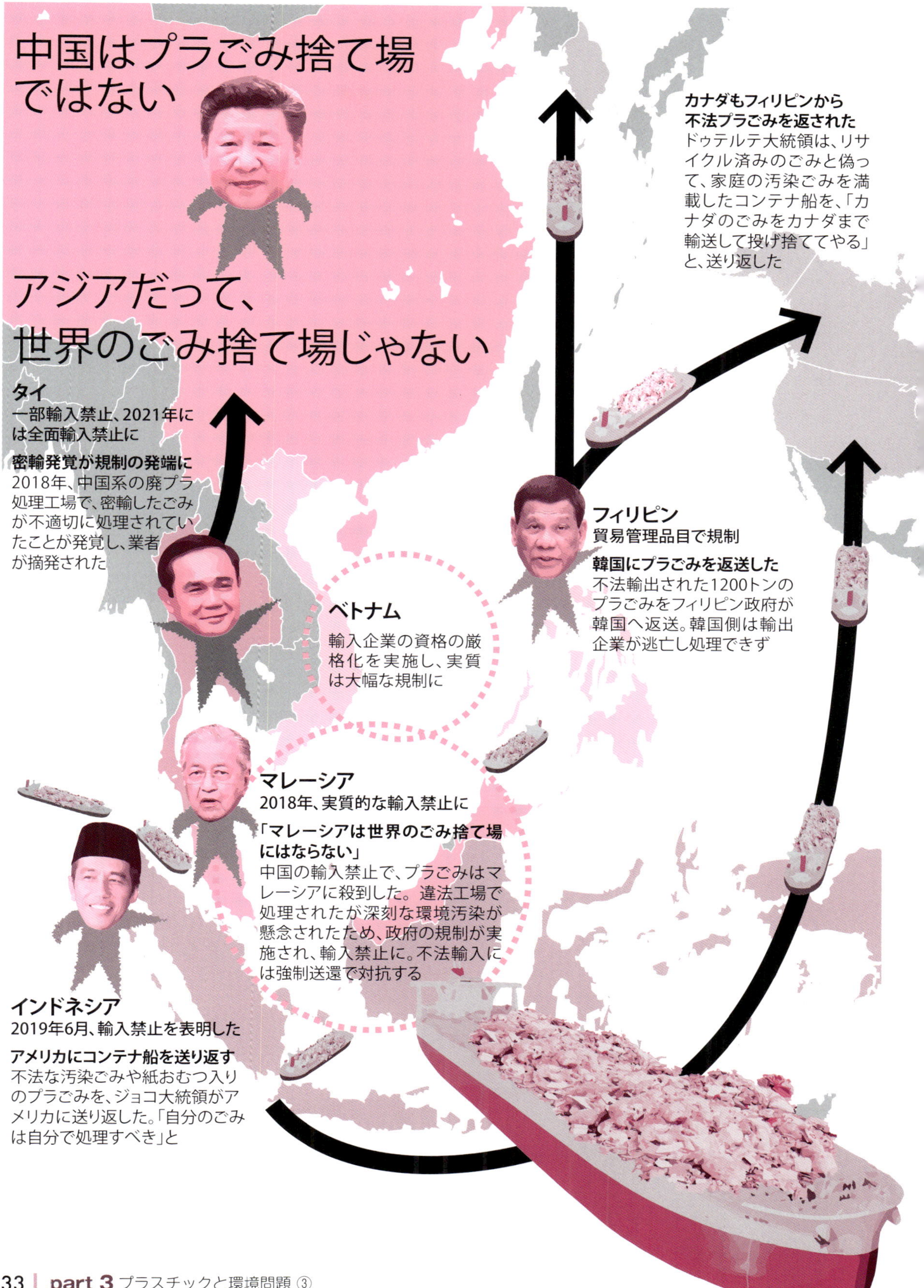

中国はプラごみ捨て場ではない

アジアだって、世界のごみ捨て場じゃない

タイ
一部輸入禁止、2021年には全面輸入禁止に

密輸発覚が規制の発端に
2018年、中国系の廃プラ処理工場で、密輸したごみが不適切に処理されていたことが発覚し、業者が摘発された

ベトナム
輸入企業の資格の厳格化を実施し、実質は大幅な規制に

マレーシア
2018年、実質的な輸入禁止に

「マレーシアは世界のごみ捨て場にはならない」

中国の輸入禁止で、プラごみはマレーシアに殺到した。違法工場で処理されたが深刻な環境汚染が懸念されたため、政府の規制が実施され、輸入禁止に。不法輸入には強制送還で対抗する

インドネシア
2019年6月、輸入禁止を表明した

アメリカにコンテナ船を送り返す
不法な汚染ごみや紙おむつ入りのプラごみを、ジョコ大統領がアメリカに送り返した。「自分のごみは自分で処理すべき」と

フィリピン
貿易管理品目で規制

韓国にプラごみを返送した
不法輸出された1200トンのプラごみをフィリピン政府が韓国へ返送。韓国側は輸出企業が逃亡し処理できず

カナダもフィリピンから不法プラごみを返された
ドゥテルテ大統領は、リサイクル済みのごみと偽って、家庭の汚染ごみを満載したコンテナ船を、「カナダのごみをカナダまで輸送して投げ捨ててやる」と、送り返した

アジア・アフリカの途上国がいち早くレジ袋規制に踏み切った理由

家畜の命を奪うごみの山

プラスチック製品、特にレジ袋を規制する国が増えています。p14～15の地図をいま一度見てください。レジ袋規制が進む国々は、プラスチックの生産・消費量が多い先進国ばかりではありません。アジア・アフリカの開発途上国でも、軒並み規制をしいています。その理由は、切実なプラスチック汚染にさらされているからです。

そもそも途上国では、ごみ処理場の整備が十分ではなく、多くが空き地や谷間にごみを投げ捨てるだけのオープンダンプ方式です。異臭を放つごみの山から、再利用できるものを拾って生計を立てる人も少なくありません。ごみの山には飢えた家畜も集まり、プラごみを食べてしまいます。

モンゴルでは、１９９０年代から遊牧民の間でもプラスチック製品が使われるようになり、草原にプラごみが散乱。羊や牛が草と間違えて食べ、衰弱死する例が頻繁《ひんぱん》に報告されていました。さらには、ごみを食べた家畜の肉や乳を摂取することで、人体に影響が及ぶことも懸念され、薄手のレジ袋が使用禁止されるに至りました。

同様に、インドではヒンドゥー教で聖なる存在とされる牛が、プラごみを食べて死亡するのを防ぐためもあり、やはり一部のレジ袋の使用が禁止されています。

また、バングラデシュでは、過去に大量のレジ袋が排水溝に詰まり、大洪水の一因となったことがあり、すでに２００２年にレジ袋が禁止されています。

最も規制が厳しいアフリカの事情

現在、最もプラスチックの使用規制が厳しいのは、意外にもアフリカです。アフリカ54カ国のうち、レジ袋規制を導入している国は約30カ国にも及びます。

２０００年以降、アフリカ諸国の経済成長はめざましく、都市で働く人が増え、それまでの自給自足の生活から、買って消費する生活へと一変しました。そのため処理能力を超えるごみが山積みされ、崩落《ほうらく》して死亡者が出る事故も起きています。

世界一厳しい罰則規定のあるケニアのレジ袋禁止令は、こうした深刻なごみ事情を背景にして、２０１７年に施行されました。処理場の整備や、ごみ分別のルール徹底には、時間もコストもかかります。それよりも、ごみのもとをつくらない、売らない、使わない社会をつくるほうが早い、という途上国ならではの判断でした。

これらアジア・アフリカの途上国では、プラスチック規制を強化すると同時に、国際的な支援を受けて、ごみ処理場を整備する計画も進められています。

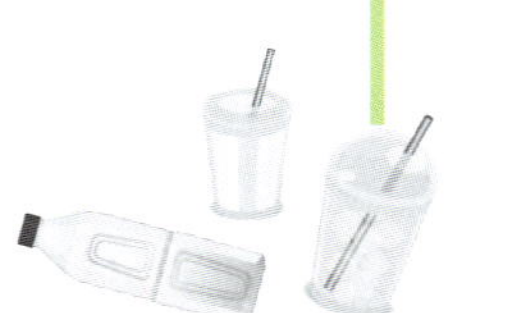

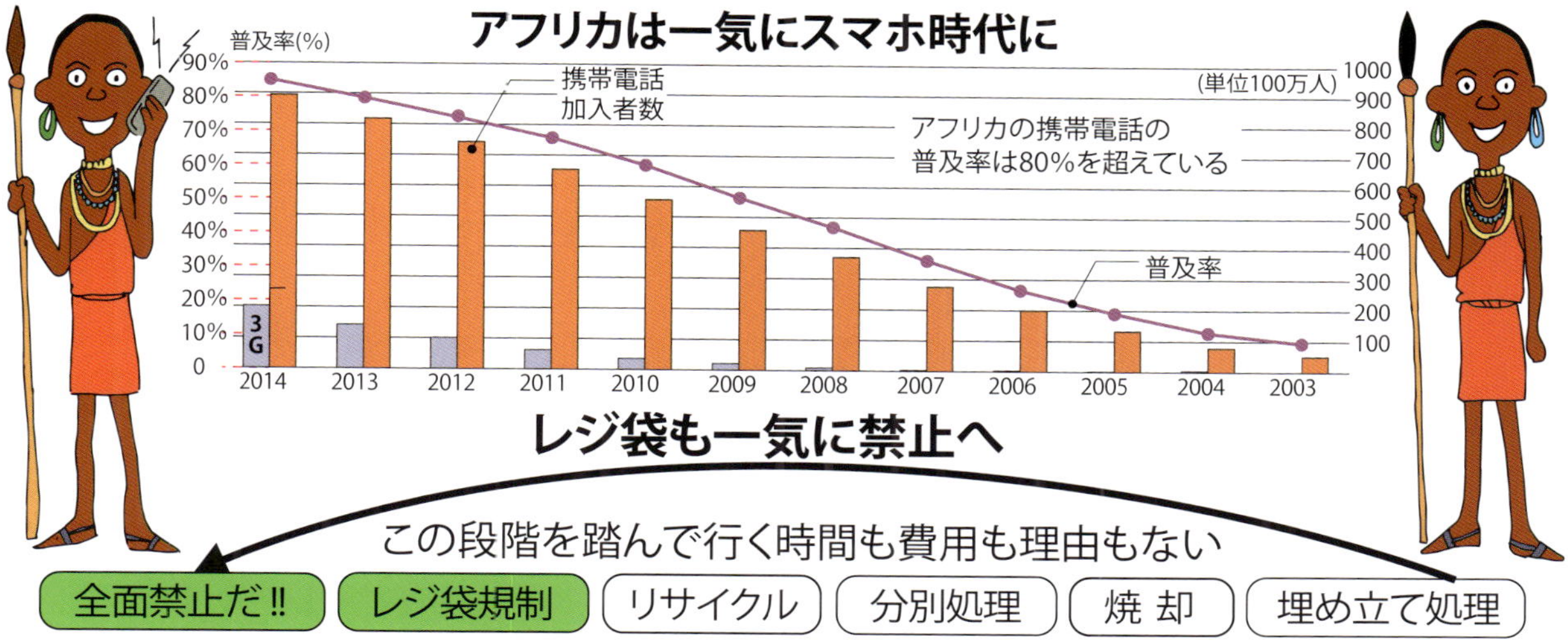

アフリカ諸国、経済成長率とレジ袋規制

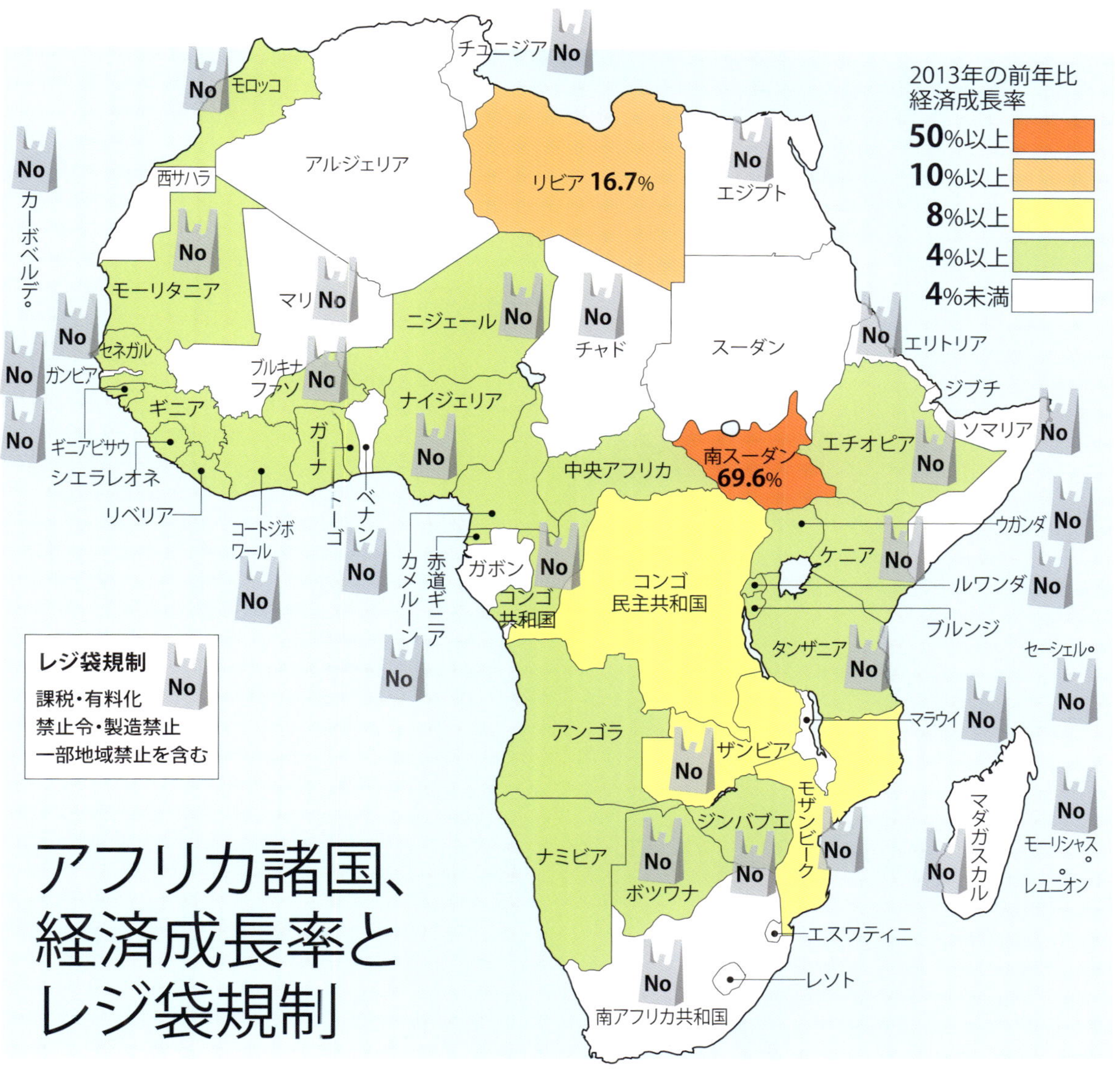

発覚したプラスチックスープの海 漂流ごみはどこから来たのか

海に流れ出した樹脂ペレット

海洋環境調査研究者チャールズ・モアが、北太平洋でプラごみの吹き溜まりを発見したのは、１９９７年のこと。そのとき見た光景を、彼は著書の中で「プラスチックでできた薄いスープ」と形容しています。プラスチックの破片の中に、もつれた漁網《ぎょもう》やブイ、浮きなど、種々雑多な残骸《ざんがい》が、ゆで団子のように浮かんでいたというのです。

プラごみによる海洋汚染は、１９７０年代から指摘されていました。汚染源のひとつは、プラスチック製品の加工原料として使われる樹脂《じゅし》ペレットでした。樹脂ペレットは、プラスチックを一度溶かして粒状にしたもので、直径数ミリのビーズのような形をしています。こぼれると散乱しやすく、工場や輸送中のトラックや船から漏れ出したものが、海岸や河川敷《かせんじき》で頻繁《ひんぱん》に見つかるようになり、１９９０年代には、日本も含め世界主要国でペレット漏出《ろうしゅつ》防止対策がとられるようになりました。しかし、すでに大量のペレットが海に流れ、世界中の海岸で発見されているうえ、いまなお新たに漏出しているといわれています。

最も深刻なのは河川からの流出

よく見つかるもうひとつの汚染源が、漁船が意図せず、あるいは故意に投棄した様々な漁具です。なかでも漁網は、全長何キロにも及ぶものもあり、ゴーストネット（幽霊網）と化して海中を漂いながら海洋生物にからみつき、時にその命を奪います。

漁船以外にも、観光客を乗せたクルーズ船や、巡洋する海軍の船からの不法投棄も確認されています。商船が積んでいたコンテナが、暴風などで海中に落下することもあれば、事故にあった沈没船や墜落した飛行機からも、プラスチックは流出します。

不可抗力《ふかこうりょく》の災害も、プラスチックの流出に加担します。２０１１年の東日本大震災では、膨大な量の家財、自動車、養殖施設などが津波にさらわれ、一部は北米にまで流れ着きました。いまも推定150万トン近くの瓦礫《がれき》が、海洋をさまよっています。

このほか、沿岸の工業施設や下水処理施設からの流出も海を汚染します。海岸でのポイ捨ては、いうまでもありません。

そして現在、最も問題視されているのが、p8～9の図にも示した河川からの流出です。そのうち約8割は、中国、インドネシア、フィリピン、ベトナムなど、アジア諸国から流れ出ているものです。埋め立て地やリサイクル工場に山と積まれたプラごみが、近くの川にいとも簡単に流れてしまう状況を、一刻も早く改善しない限り、海洋ごみは増え続けていくでしょう。

プラスチックを使った海水スープのつくり方

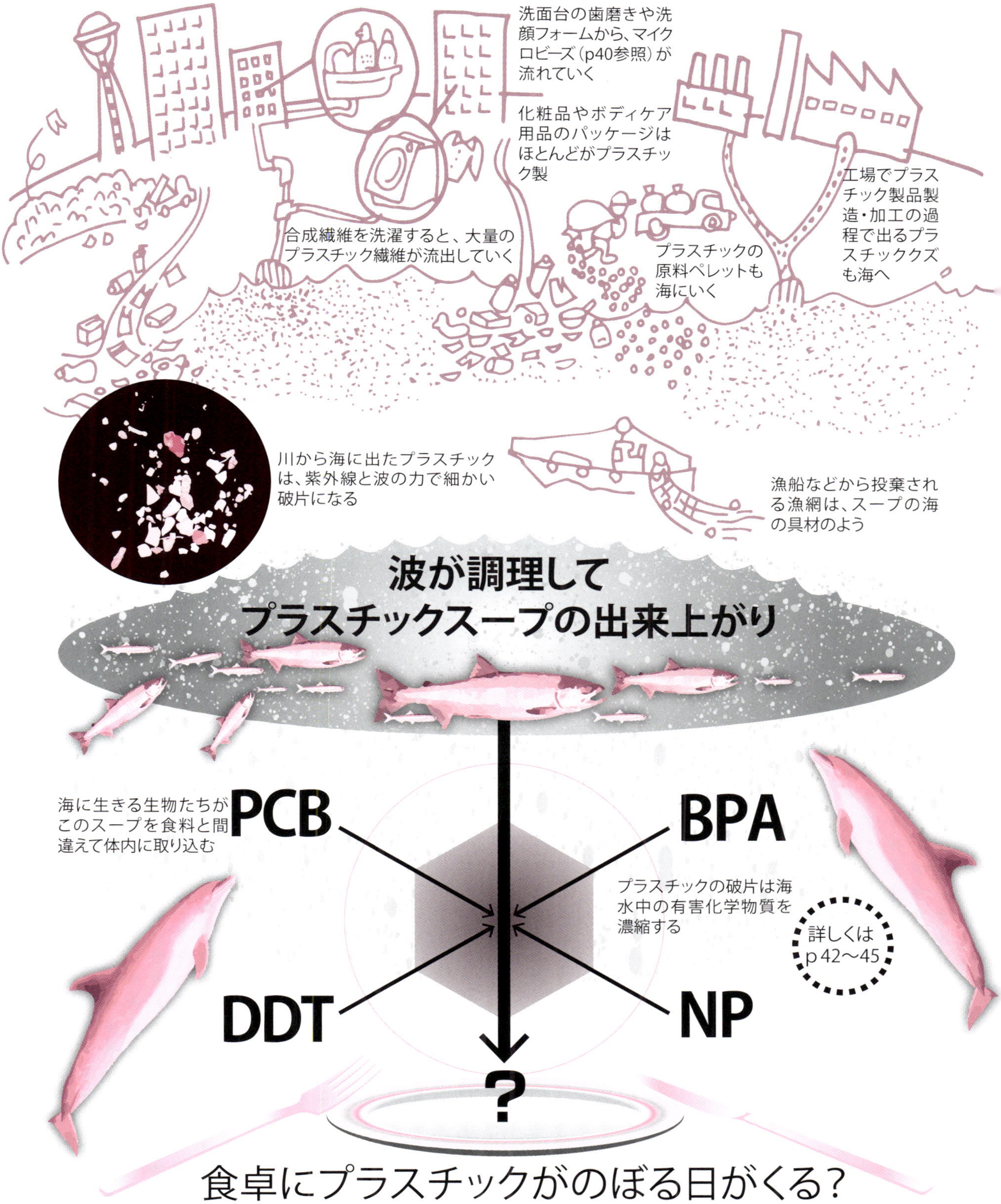

食卓にプラスチックがのぼる日がくる？

part 3

海洋プラスチックごみが海の生き物たちの命を縮める

海鳥の90%がえさと間違えて、プラスチックを食べている
全世界約300種の海鳥の3分の1が絶滅の危機に。その原因のひとつがプラスチックの誤食。親鳥がプラスチックをえさと間違えてひな鳥に与えて死亡させるケースも多い
日本の深海にもプラスチックごみが堆積している
漁船の投棄した漁網（ゴーストネット）にからまり窒息するウミガメが多数報告されている。オットセイ、アザラシも同様の被害にあっている
6200m
2019年の春、フィリピンに打ち上がったクジラの死体から、40キロものプラスチック袋が発見された。同様の報告が各地でも
1991年、海洋研究開発機構の有人潜水調査船「しんかい6500」が日本海溝の6200メートルの深海で、プラスチックごみの堆積を発見

ポリ袋40キロを飲みこんだクジラ

海洋汚染の影響を真っ先に受けるのは、海に暮らす生き物たちです。海洋ごみ問題が、広く知られるようになったのも、生物への深刻な被害が、次々と明るみになったことがきっかけでした。

海洋ごみには、海岸に漂着するものや、海面を漂うものだけでなく、海底に沈むものも相当量あり、海辺から深海まで、広範囲にわたって被害を及ぼします。

よく見られる被害のひとつは、ウミガメやアザラシなどが、プラスチック製の漁網《ぎょもう》やロープにからまって衰弱死するケース。もうひとつは、プラスチックの破片や袋を誤って食べてしまうケースです。

プラスチックは消化器官で分解されないため、そのまま排泄《はいせつ》されればよいのですが、大量に飲みこんで詰まってしまうと、命を

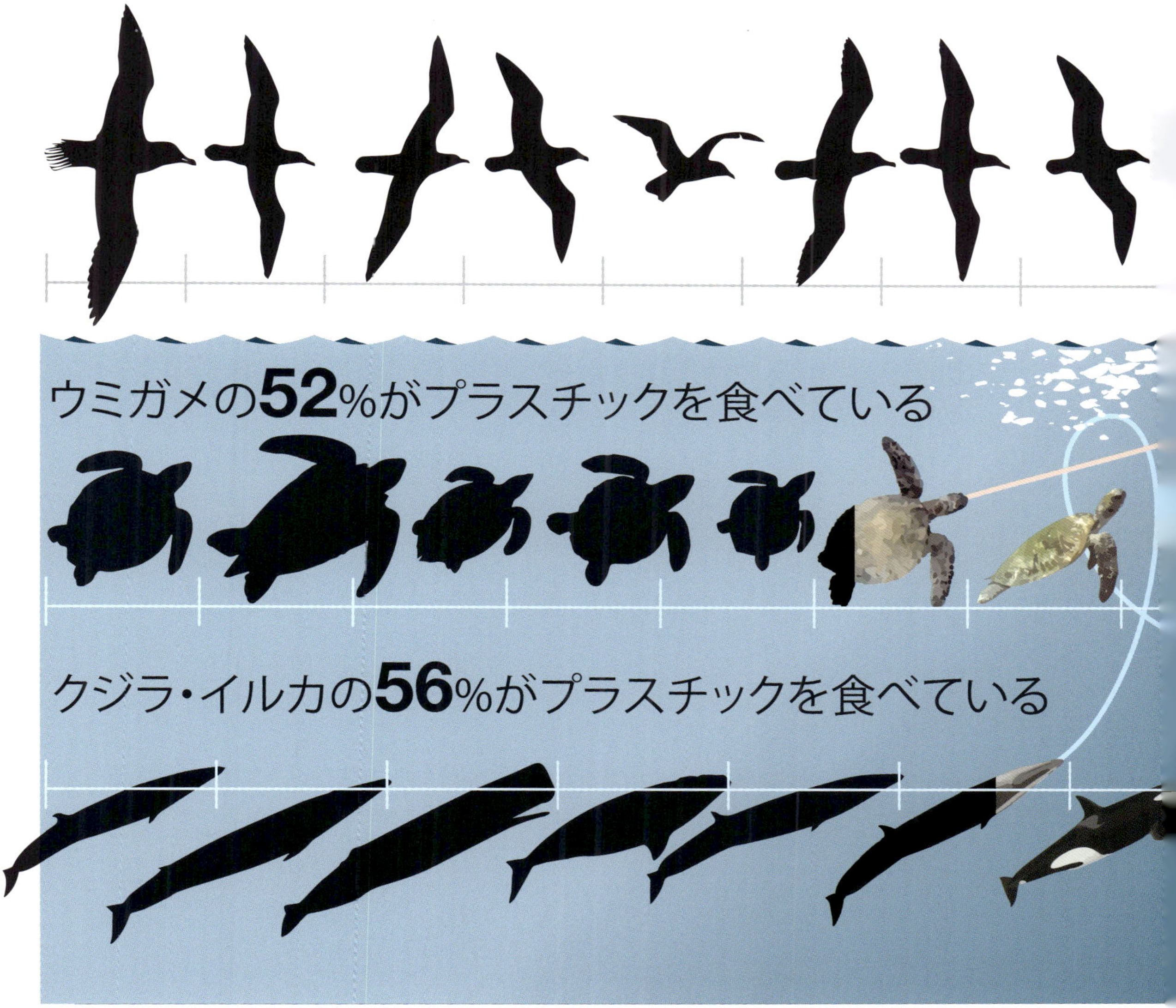
ウミガメの52%がプラスチックを食べている
クジラ・イルカの56%がプラスチックを食べている

奪いかねません。近年、世界各地で、クジラの死骸《しがい》から大量のプラスチックが発見されているのが、その一例です。２０１９年３月には、フィリピンの海岸に打ち上げられたクジラの胃の中から、過去最高の重さ40キロ分ものポリ袋が見つかり、私たちは事態の深刻さを改めて思い知らされることになりました。

海の生き物がプラスチックを食べていることは、すでに１９６２年に報告されていました。海鳥の胃の中に、プラごみが見つかったのです。以来、各国の研究者によって、海鳥の調査が行われていますが、プラごみが体内から発見される割合は年々増加。その内容は、ポリ袋、ボトルキャップ、合成繊維、発砲スチロールの破片など、海にあってはならないものばかりです。

いまやプラスチックを誤食する海洋生物は、２００種以上。ウミガメの52％、クジラやイルカの56％、海鳥に至っては約90％が、プラスチックを食べていると推計されています。いまのところ、プラスチック誤食による直接の健康被害は、わかっていませんが、このまま手をこまねいていていいはずがありません。

生態系に入り込む極小の厄介者マイクロプラスチック

世界の海に推定5兆個

古くなった洗濯バサミが、砕《くだ》けてしまうように、プラスチックは時に劣化《れっか》します。同じことが、海中でも起こっています。

海を漂うプラごみは、紫外線や波の力によって壊れ、しだいに小さくなっていきます。しかし、小さくなっても、プラスチックがもつ性質は変わりません。自然に分解されないまま、いつまでも残り続けます。

こうしたプラスチック破片のうち、5ミリ以下のものは、マイクロプラスチックと呼ばれ、現在、世界の海に5兆個も漂っていると推測されています。しかも日本近海には、世界平均の27倍ものマイクロプラスチックが漂っているというのです。

マイクロプラスチックが厄介《やっかい》なのは、ちょうど動物プランクトンと同じくらいの大きさであることです。そのため、魚たちはプランクトンと間違えて、マイクロプラスチックを食べてしまいます。それが体内に蓄積され、食物連鎖《しょくもつれんさ》によって、さらに大きな魚へ移っていく危険があるのです。

マイクロビーズが家庭から海へ

実は私たちの暮らしの中からも、マイクロプラスチックが流出しています。

そのひとつが、マイクロビーズと呼ばれる1ミリ以下の超微小プラスチックです。角質《かくしつ》の除去や洗浄に効果があることから、洗顔料や化粧品、歯磨き粉など、多くの製品に使われていますが、下水を通して海へ、年間何百万トンも流出しているといいます。一度海に出ると、回収は、まず不可能です。

そのため、一部の国では製造や販売が規制されていますが、日本ではメーカーに自主規制を要請するにとどまっています。すでに大手メーカーは使用中止していますが、気になる製品があれば、原料を調べてみましょう。ポリエチレン、ポリプロピレンなどとあれば、それがマイクロビーズです。

このほか、合成繊維の服を洗えば、洗濯くずが出ますし、メラミンスポンジを使えば、削りかすが出ます。これらを排水溝に流すと、下水処理をすり抜けて、海へと流れ出てしまいます。

プラスチックに囲まれた現代の暮らしの中では、マイクロプラスチックの発生源は、あらゆる場所に潜《ひそ》んでいます。すでに水道水、ペットボトル入り飲料水、ビール、食塩、さらには人間の便からも、マイクロプラスチックが検出されていますが、混入経路はわかっていません。仮に人間が摂取したとしても、微小なのでそのまま排泄《はいせつ》されますが、懸念されるのは、プラスチックに付着する有害化学物質の影響です。これについては、次の項で見ていきましょう。

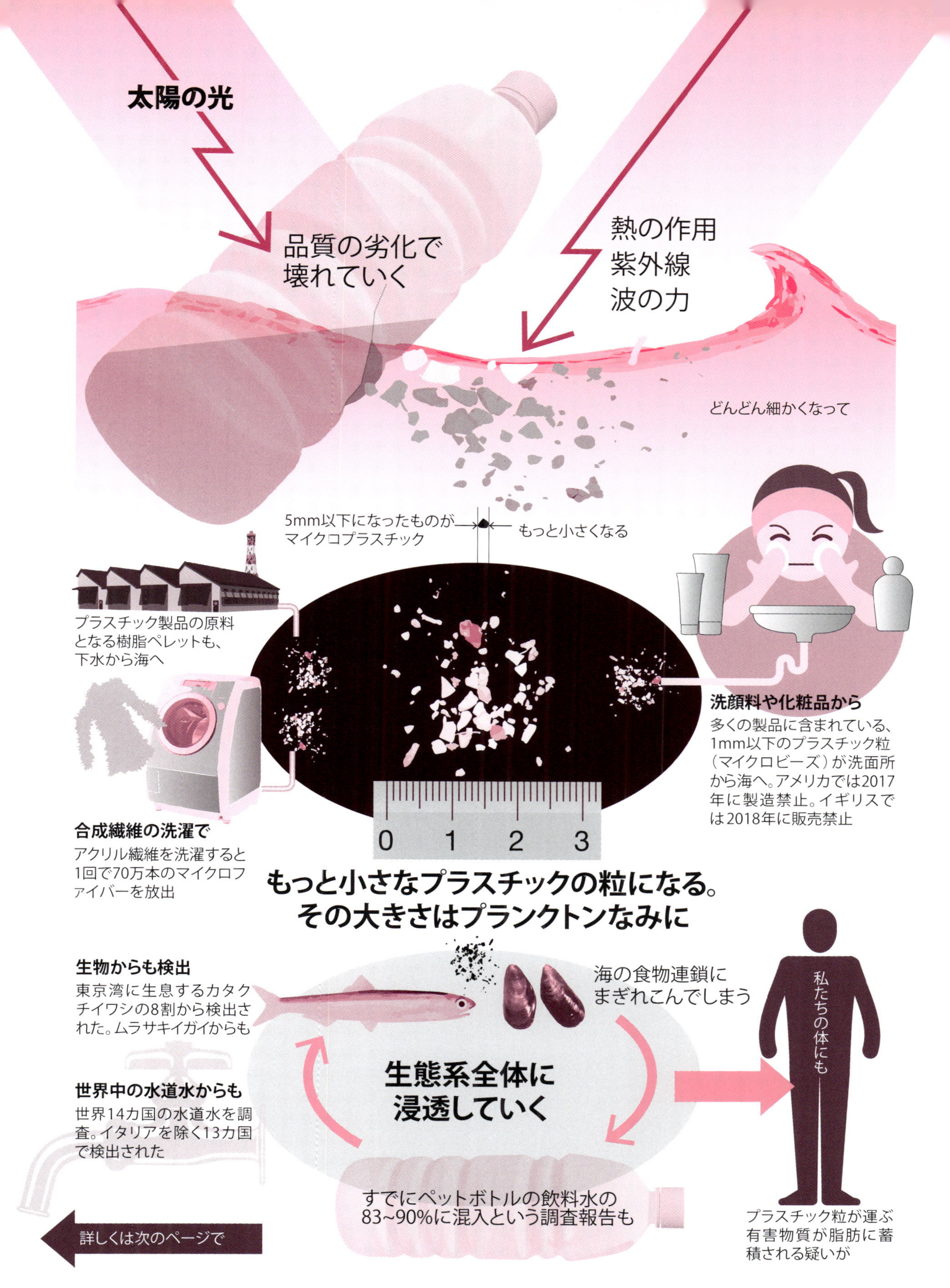
太陽の光
品質の劣化で
壊れていく
熱の作用
紫外線
波の力
どんどん細かくなって
5mm以下になったものが
マイクロプラスチック
もっと小さくなる
プラスチック製品の原料
となる樹脂ペレットも、
下水から海へ
合成繊維の洗濯で
アクリル繊維を洗濯すると
1回で70万本のマイクロフ
ァイバーを放出
洗顔料や化粧品から
多くの製品に含まれている、
1mm以下のプラスチック粒
（マイクロビーズ）が洗面所
から海へ。アメリカでは2017
年に製造禁止。イギリスで
は2018年に販売禁止
0 1 2 3
もっと小さなプラスチックの粒になる。
その大きさはプランクトンなみに
生物からも検出
東京湾に生息するカタク
チイワシの8割から検出さ
れた。ムラサキイガイからも
世界中の水道水からも
世界14カ国の水道水を調
査。イタリアを除く13カ国
で検出された
海の食物連鎖に
まぎれこんでしまう
生態系全体に
浸透していく
私たちの体にも
すでにペットボトルの飲料水の
83~90%に混入という調査報告も
プラスチック粒が運ぶ
有害物質が脂肪に蓄
積される疑いが

詳しくは次のページで

part 3

プラスチックと環境問題 ⑧

海洋を漂うプラスチックごみは有害化学物質の運び屋になる

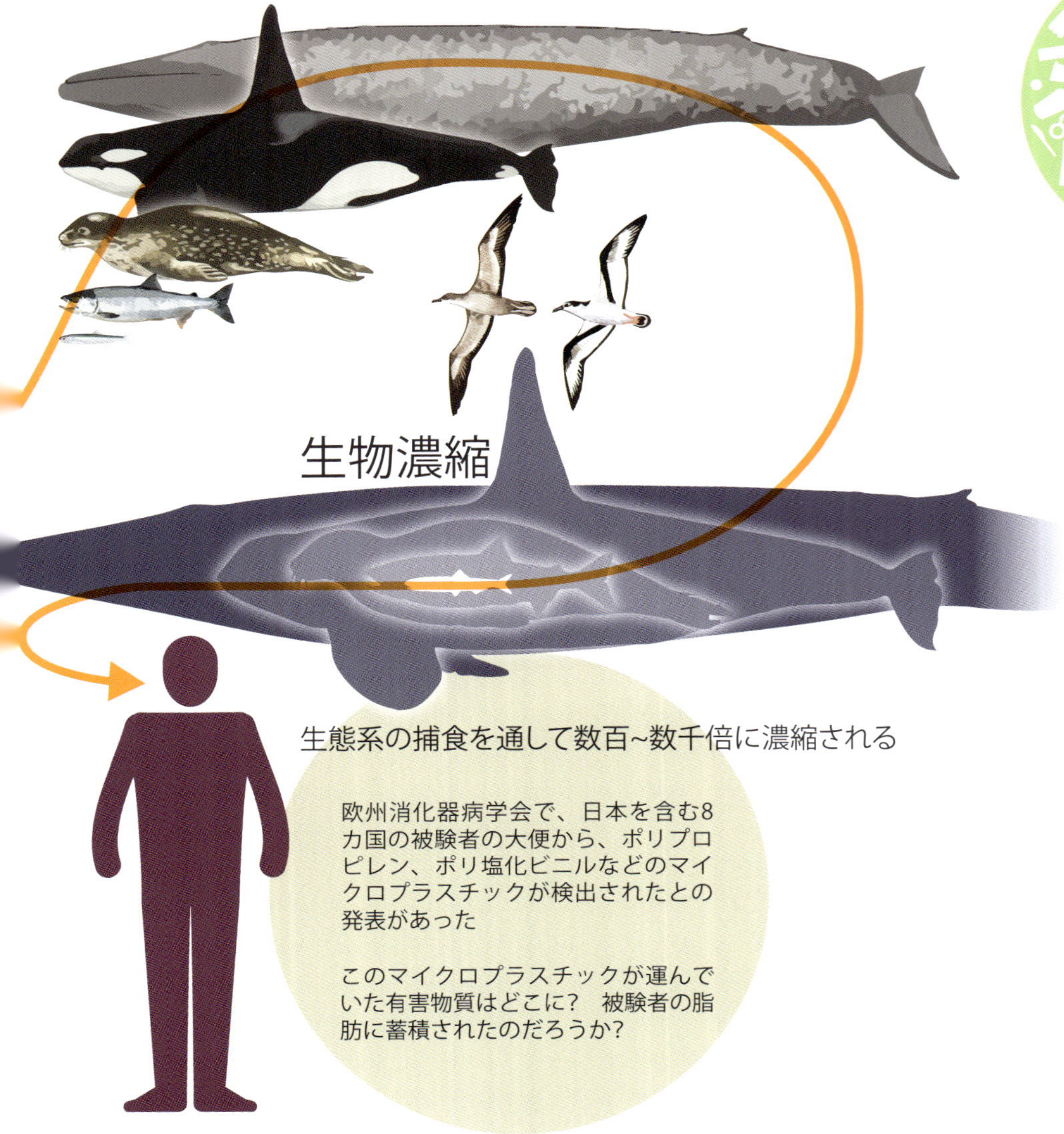

生物濃縮
生態系の捕食を通して数百~数千倍に濃縮される
欧州消化器病学会で、日本を含む8カ国の被験者の大便から、ポリプロピレン、ポリ塩化ビニルなどのマイクロプラスチックが検出されたとの発表があった
このマイクロプラスチックが運んでいた有害物質はどこに？ 被験者の脂肪に蓄積されたのだろうか？

汚染物質を引き寄せるプラごみ

プラスチックは、長期間、海水にさらされても化学的に変化することはありません。少なくともプラスチック自体には、毒性はないのですが、海中を漂ううちに、有害化することが問題になっています。

人類が生み出した化学物質の中には、使用後に毒性が発覚し、製造や使用を中止しても、過去に排出されたものが大気中に残り続けるものがあります。例えば、農薬や殺虫剤として戦後広く使われたDDT、絶縁油として使われ、日本でカネミ油症事件の原因ともなったポリ塩化ビフェニル（PCB）、ごみ焼却などによって意図せず発生するダイオキシン類などです。

これらは残留性有機汚染物質（POPs）と呼ばれ、分解されにくく、生物の体内に蓄積しやすく、遠くまで移動して悪影響を

海洋のマイクロプラスチックは、海中の有毒物質を濃縮して取り込んでしまう

その有毒物質は **POPs**（残留性有機汚染物質）

POPsは環境中では分解しないため、広く世界に拡散し、生体の中で高濃度に濃縮されていく。かつて使用が禁止されたDDT、PCB、ダイオキシンなどの化学物質がこれにあたる

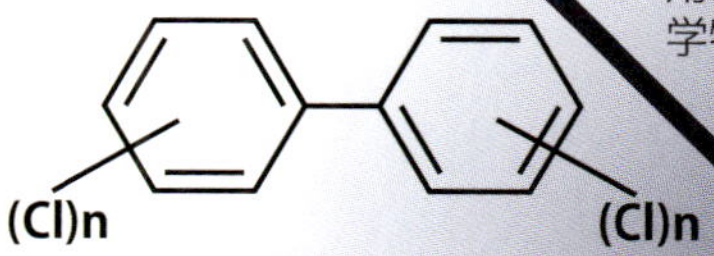

PCB
ポリ塩化ビフェニル

油状の不燃で電気絶縁性が高い人工の化学物質。電気機器の絶縁油、熱交換器、ノンカーボン紙に使用された。日本では食用油の製造工程で混入し甚大な健康被害事件（カネミ油症事件）が発生。現在は製造・輸入禁止に

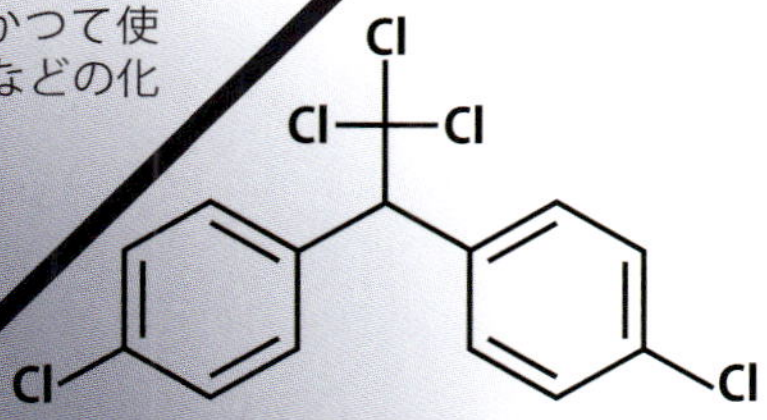

DDT
ジクロロジフェニルトリクロロエタン

第二次世界大戦後、殺虫剤として広範囲に用いられた有機塩素系化学物質。発がん性をもち環境ホルモン（p44参照）として機能することで、世界で全面禁止となった

1グラムのマイクロプラスチック粒が、周辺1トンの海中にある有害物質を吸着してしまう、その濃度は10~100万倍にもなる

最初の発覚は湘南鵠沼海岸調査から

1998年、東京農工大学農学部環境資源科学科の高田秀重教授により、鵠沼海岸で採取されたプラスチック片から、高濃度の環境ホルモンやPCBが検出された。プラスチックが海洋での有害物質の運び屋である実態が明らかになった

及ぼすため、国際条約で規制されています。

ＰＯＰｓは、海水中にも存在しますが、極めて低濃度です。ところが、東京農工大学の高田《たかだ》秀重《ひでしげ》教授の長年にわたる調査研究によって、海洋プラごみが、汚染物質の濃度を高めることがわかってきました。

発端は、１９９８年、神奈川県の鵠沼《くげぬま》海岸で採取されたプラスチック片から、高濃度のＰＣＢが検出されたことでした。

ＰＯＰｓは、油に馴染《なじ》みやすい性質をもっています。プラスチックは、もともと石油（つまり油）からできているので、汚染物質が吸着し、濃縮されていきます。それも1グラムのプラスチックに、海水1トン中の汚染物質が濃縮されるというのです。

さらに、プラスチックに使われる添加剤の中には、有害とされるものもあります（詳しくはｐ45）。海洋プラごみは、微小化しながら、汚染物質と添加剤という2つの危険因子を世界中に運んでいるのです。こうした有害物質が生物の体内に取り込まれると、食物連鎖《しょくもつれんさ》によって、より高次の生物になるほど高度に濃縮される生物濃縮が起こります。その影響を最終的に受けるのは、食物連鎖の頂点に立つ人間です。

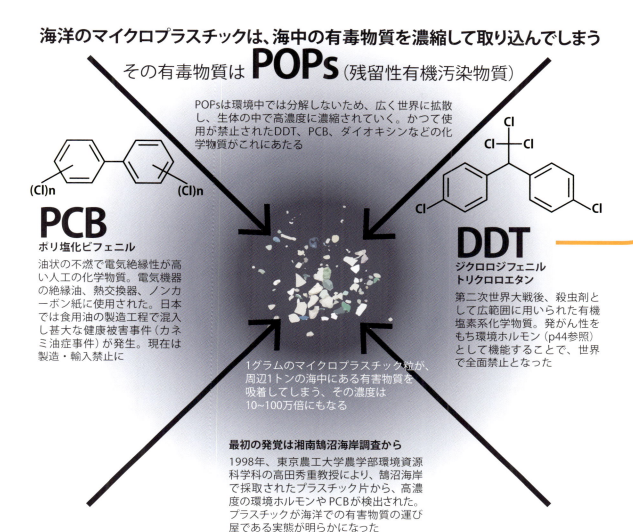

part 3

プラスチックは本当に安全か？欧米で指摘される有害化学物質

懸念される環境ホルモン

人工的につくられたプラスチックに、なんとなく不安を抱く人は少なくないでしょう。食品を入れる容器や子どもが遊ぶおもちゃから、何か悪いものが溶け出して、体内に入るのではないかと心配する人もいます。それに対し、プラスチック業界は、仮に成分が溶け出しても、安全性には十分配慮されているので問題ないと答えています。

しかし、なかには危険性が指摘されている成分もあります。そのひとつが、ポリカーボネートやエポキシ樹脂《じゅし》の原料として使われるビスフェノールＡ（ＢＰＡ）です。動物実験では、脳や前立腺《ぜんりつせん》、乳腺などへの影響が報告されており、環境ホルモンの疑いがもたれています。環境ホルモンとは、内《ない》分泌攪乱《ぶんぴかくらん》物質のこと。体内で正常なホルモンの働きを乱し、特に胎児や子ども、妊婦に悪影響を与える可能性があると考えられている物質です。

ポリカーボネートは食品容器や哺乳びんに、エポキシ樹脂は缶詰の内側のコーティングなどにも使われるため、欧米では「ＢＰＡ不使用」を謳《うた》った商品も登場しています。しかし、ＢＰＡの代替物として使われるようになったビスフェノールＳなども、最近では安全性が疑われています。

プラスチックから溶け出す添加剤

よく問題になるもうひとつの化学物質は、ポリ塩化ビニル（ＰＶＣ）の可塑剤《かそざい》として使われるフタル酸エステルです。

プラスチック製品には、色づけするための着色剤、劣化《れっか》を防ぐための安定剤など、様々な添加剤が使われています。これらの添加剤は、加えられているだけで、プラスチックの成分と化学的に結合しているわけではないため、溶け出すことがあります。

ＰＶＣはもともと硬い素材です。それを軟らかくするために使われるのがフタル酸エステルですが、生殖毒性（生殖機能の異常、生まれる子への有害な影響など）や発がん性が疑われています。そのため欧米や日本では、子ども用品への使用が規制されており、ＥＵは２０２０年７月以降、日用品全般に対象を拡大することを決定しています。

このほか、ペットボトルの製造に触媒《しょくばい》として使われる三酸化アンチモンには、発がん性が疑われ、様々なプラスチック製容器から検出が報告されたノニルフェノール（ＮＰ）には、環境ホルモン作用があるといわれています。また、フライパンの焦げつき防止加工に使われる有機フッ素化合物のうち、ＰＦＯＳは２００９年、ＰＦＯＡは２０１９年５月に、それぞれ有害性が認められて国連によって禁止されました。

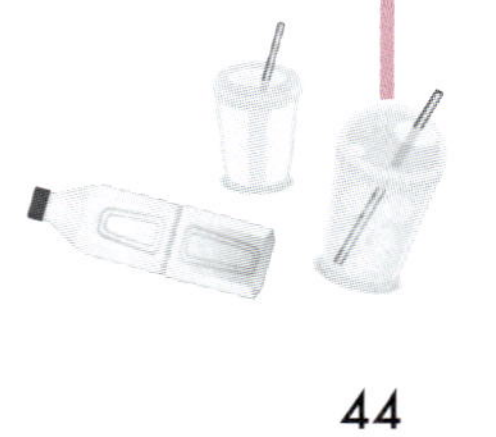

BPA

ビスフェノールA

ポリカーボネートやエポキシ樹脂の原料として使われている

生体の内分泌機能を乱す環境ホルモン。特に胎児や妊婦への影響が懸念されている

↓

九州大学の最新研究で、BPAは生体のエストロゲンの分泌機能に影響することを突き止めた。BPAは極めて低量で胎児の脳形成に悪影響を与えるとも報告されている

プラスチック製品から溶出する添加剤
添加剤には毒性のあるものも

フタル酸エステル

PVCの可塑剤

ポリ塩化ビニルを軟らくする添加剤として用いられている

生まれてくる子どもの生殖機能への影響、発がん性への危険性が指摘されている

ペットボトルからも有害物質が溶出?

三酸化アンチモン
発がん性

ノニルフェノール
環境ホルモン作用

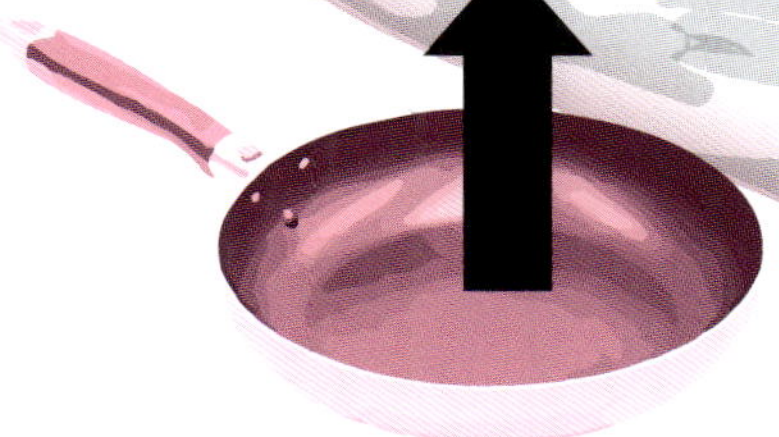

フライパンの有機フッ素化合物

PFOS と PFOAは有害性が立証され使用禁止に

プラスチックはどのようにしてリサイクルされているの？

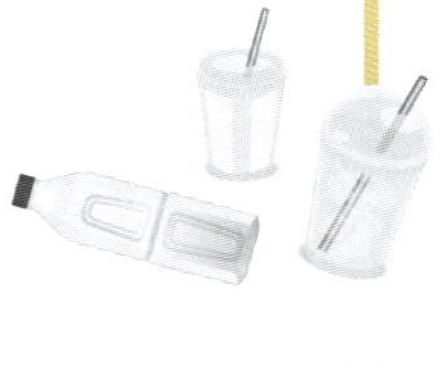

溢《あふ》れるプラスチックごみへの対応策として、世界で推進されているのがリサイクルです。現在は、大きく分けて次の３つの方法が実用化されています。

３つのリサイクル方法

①マテリアルリサイクル

ＩＳＯ（国際標準化機構）規格では「メカニカルリサイクリング」と呼ばれている、プラごみを物理的な方法で原料にし、新しいプラスチック製品をつくる方法です。プラごみは洗浄・粉砕《ふんさい》されてフレークやペレットと呼ばれる粒状の再生原料になり、様々な製品に生まれ変わります。

②ケミカルリサイクル

ＩＳＯ規格では「フィードストックリサイクリング」とも呼ばれます。プラごみを化学的に分解するなどして、様々な化学原料に再生します。化学反応によって原料やモノマーに戻し、再利用する方法や、製鉄所で使う還元剤、コークス、ガスなどに再生する方法があります。

③サーマルリサイクル

サーマル（熱）リサイクルという言葉は、日本での造語で、ＩＳＯ規格では「エネルギーリカバリー」。ごみを焼却して、発電などに有効利用する方法です。

リサイクルの模範生ペットボトル

プラスチックには様々な種類があるため、効率的にリサイクルするには、種類ごとに分別しなければなりません。その点、工場などから排出される産業系廃棄物は、種類がはっきりわかっていること、まとまった量があること、汚れや不純物が少ないこと、などの理由から、マテリアルリサイクルが進められてきました。

一方、一般家庭から出るプラごみは、容器包装を中心に雑多なものが混じり合い、汚れも多いため、リサイクルする以前に「分別」という壁が立ちはだかります。そんななかで、リサイクルの模範生といえるのが、ペットボトルでしょう。ＰＥＴ（ポリエチレンテレフタラート）という単一の素材でできているため、分別が容易で、消費者のリサイクル意識が高い素材でもあります。

ペットボトルは、かつてはマテリアルリサイクルによって、フリースのような繊維やシートなどにリサイクルされてきました。再び飲料用ボトルとして使うのは、衛生面や品質面で問題があるとされていたからです。しかし、近年はケミカルリサイクルによって、ＰＥＴをモノマーに戻し、品質を保ったまま飲料用ボトルとして再生する技術も誕生。世界各国の様々な企業が、より効率的なリサイクル技術の開発にしのぎを削っています。

日本で行われている3つのリサイクルの方法

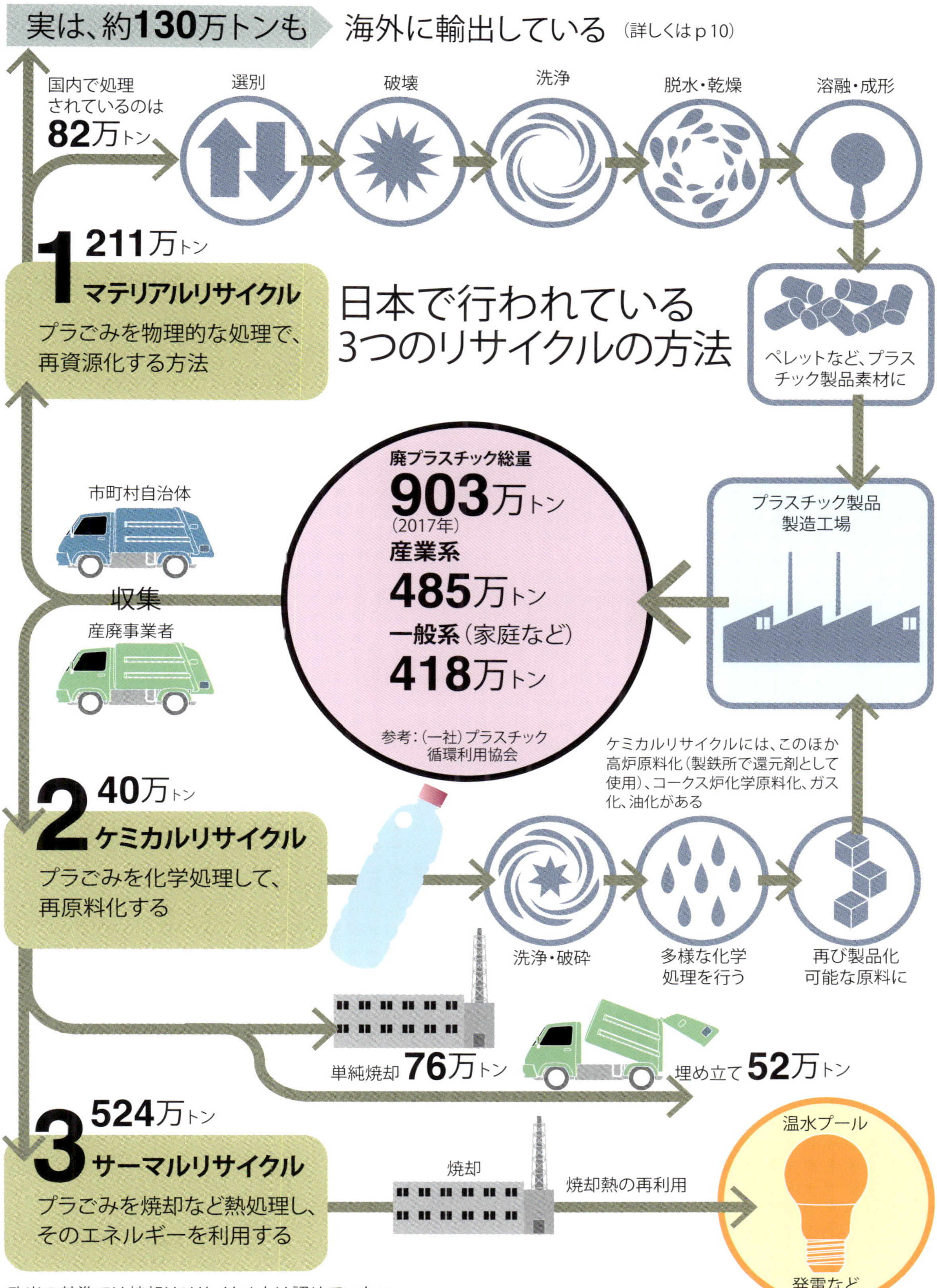

欧米の基準では焼却はリサイクルとは認めていない

part 4

日本のプラごみ有効利用率86% 実はほとんど燃やされている!?

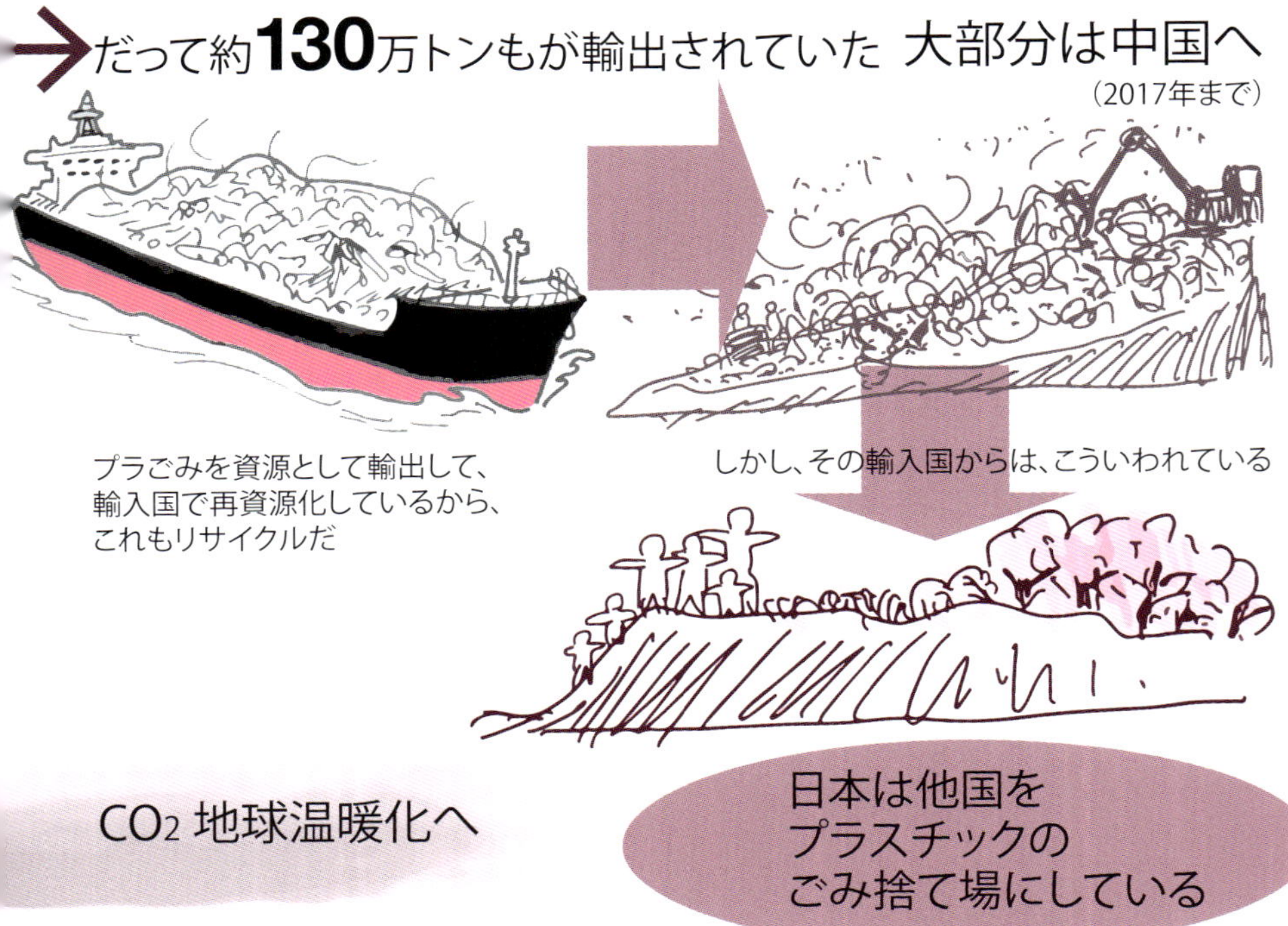
だって約130万トンもが輸出されていた 大部分は中国へ
(2017年まで)
プラごみを資源として輸出して、輸入国で再資源化しているから、これもリサイクルだ
しかし、その輸入国からは、こういわれている
CO_2 地球温暖化へ
日本は他国をプラスチックのごみ捨て場にしている

世界の動きは　プラスチックのリサイクルを徹底しよう
100%
世界的飲料メーカーは、ペットボトルの100%リサイクルを目指す
生分解性プラスチックを採用しよう(p66〜67参照)
ファストフードチェーンはストローを自然素材に

焼却をリサイクルとみなす日本

現在の日本は、世界有数のリサイクル優等生ともいわれています。確かに、住民によるごみ分別の徹底や優れたごみ回収システムは、諸外国の手本ともなっています。

プラスチックごみの有効利用率も、2004年には57%だったのが年々上昇し、2017年には85・8%にまで達しています。

しかし、その内訳を見ると疑問が生じてきます。上の図に示したように、マテリアルリサイクル23・4%、ケミカルリサイクル4・4%を大きく引き離し、全体の58%を占めるのはサーマルリサイクルです。

サーマルリサイクルは、ごみを燃やして燃料として再利用すること。燃やしてしまうと、プラスチックが最初に製造されたときに使われた膨大なエネルギーや資源が、無駄になってしまいます。前項でも述べた

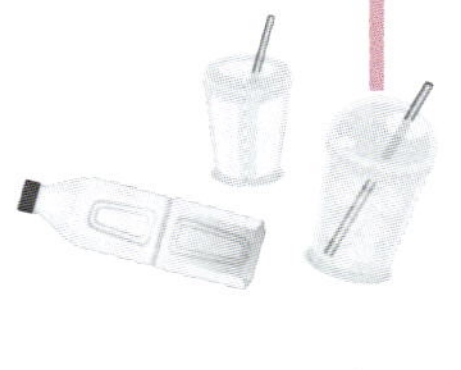

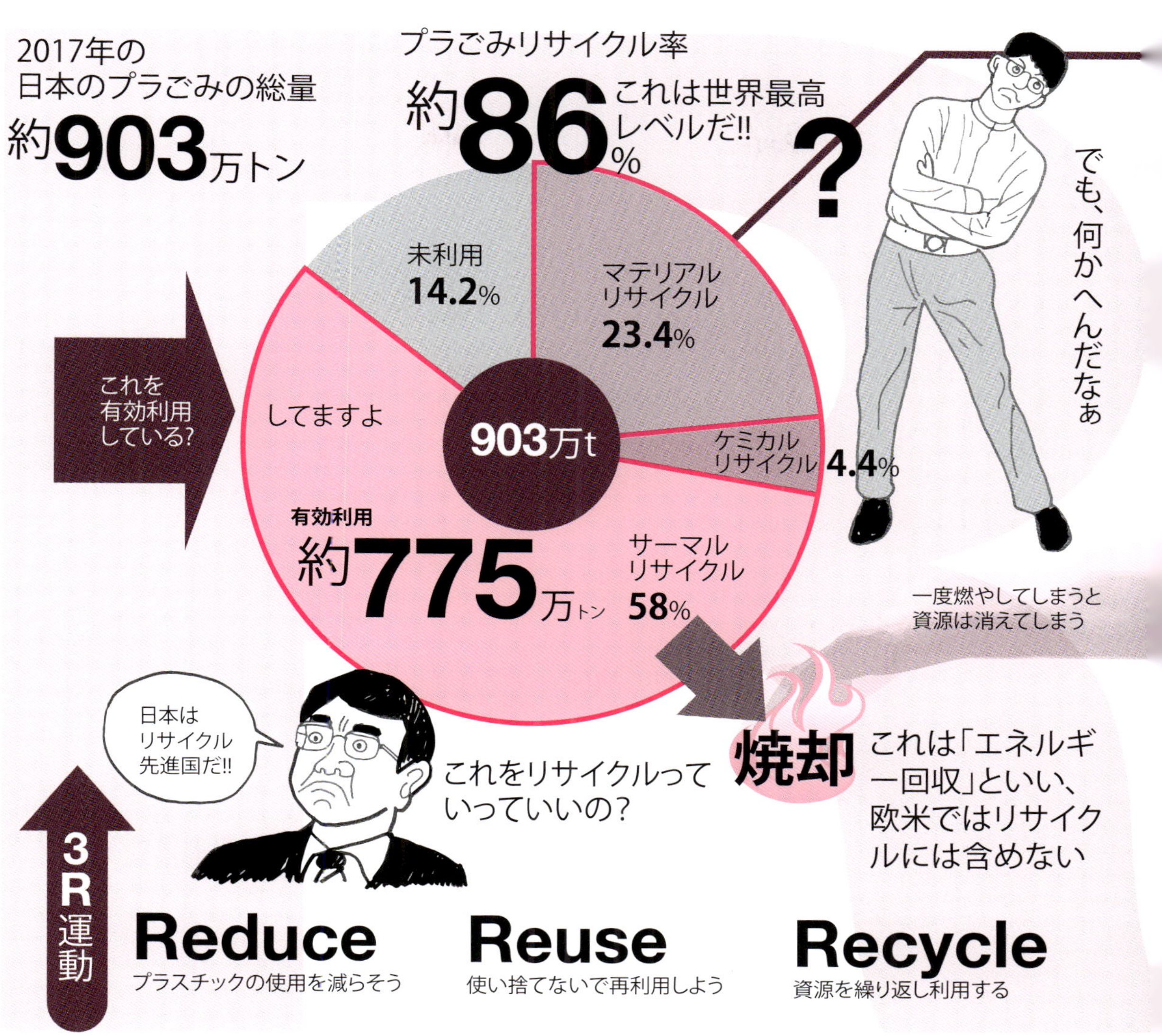

ように、諸外国では焼却処分は「エネルギー回収《リカバリー》」と呼ばれ、ISO規格の「リサイクル」の定義にも、はっきりと「エネルギー回収を除く」と記されています。日本には焼却炉が1103施設あり、この数は世界最多です。莫大な費用を投じて建てられたこれらの焼却炉を運転し続けるためには、燃やすごみを常に確保しなければならない、という矛盾も生じます。

また、ケミカルリサイクル4・4％のなかには、還元剤やコークスなどに再生するものも含まれています。これらは結局、燃やしてしまうのですから、何度も循環させて使う本来の意味でのリサイクルとはいえません。こうして見ると、日本ではプラごみの大半を燃やしていることがわかります。

さらにもうひとつ、隠れた数字があります。p10で見たように、日本は中国などに大量のプラごみを「輸出」しています。2017年には、211万トンのプラごみがマテリアルリサイクルされたことになっていますが、このうち約61％は海外に輸出されたもの。これらはリサイクル用に輸出されただけであって、実際にすべてリサイクルされたかどうかは判然としないのです。

世界の国々に見るごみ処理法 リサイクル率の高い国は？

ヨーロッパはリサイクル優等生

世界の国々では、ごみ全般をどのようにして処理しているのでしょう。左上のグラフは、世界の主だった国の廃棄物処理法を、リサイクル、焼却によるエネルギー回収、単純焼却、埋め立てに分類してその内訳を示したものです。一番下の日本と比べてみると、各国の政策の違いが見えてきます。

まず、リサイクル率が極めて高いのは、ヨーロッパ諸国です。特にドイツとスウェーデンは、環境先進国として知られ、早くからリサイクルに取り組んでいます（詳しくはp52〜53）。

一方、アジアでリサイクル率が高いのは、韓国です。韓国は日本と同じく国土が狭く、埋め立て地の確保が容易ではないため、ごみの分別とリサイクルを推進しており、その成果が数値にも表れています。

焼却か埋め立てか、各国の理由

リサイクルできないごみの処理法としては、焼却派と埋め立て派とに大きく分かれます。焼却派の筆頭は、断トツで日本です。下のグラフに示したプラスチックごみの処理法内訳を見ても、ヨーロッパ諸国に比べて、焼却が多くなっています。

前項でも見たように、日本では焼却によるエネルギー回収を、リサイクルの一種としてとらえています。しかし、人口が多く、ごみ排出量の多い日本では、燃やして処理することが第一であり、発電は二の次です。ごみ発電によるエネルギーが供給されるのは、主に公共施設に限られています。

かたや、日本に次いで焼却率の高いスウェーデンでは、ごみ発電によって、地域住民の暖房などに必要なエネルギーがまかなわれています。自国のごみだけでは足りず、なんと発電用のごみを周辺国から輸入しているほどです。ここにはエネルギー循環をトータルに考える、という日本にはない発想があります。

一方、埋め立て派は、一般に途上国に多いのですが、先進国の中にも少なくありません。ごみ大国のアメリカは約5割、カナダはなんと約7割ものごみを埋め立てています。グラフにはありませんが、世界最大の面積をもつロシアも、埋め立て中心です。国土の広い国は、総じて埋め立て派が多いことがわかるでしょう。

国土の狭いヨーロッパ諸国では、再生できるごみの埋め立てを規制している国ほど、埋め立て率が低い傾向があります。この規制がないイタリア、イギリス、フランス、スペインでは、廃棄物全般を見ても、プラごみだけを見ても、埋め立て率がやや高くなっていますが、年々減少傾向にあります。

世界の主要国の廃棄物処理とリサイクルのようす

参考：OECD（2013年）

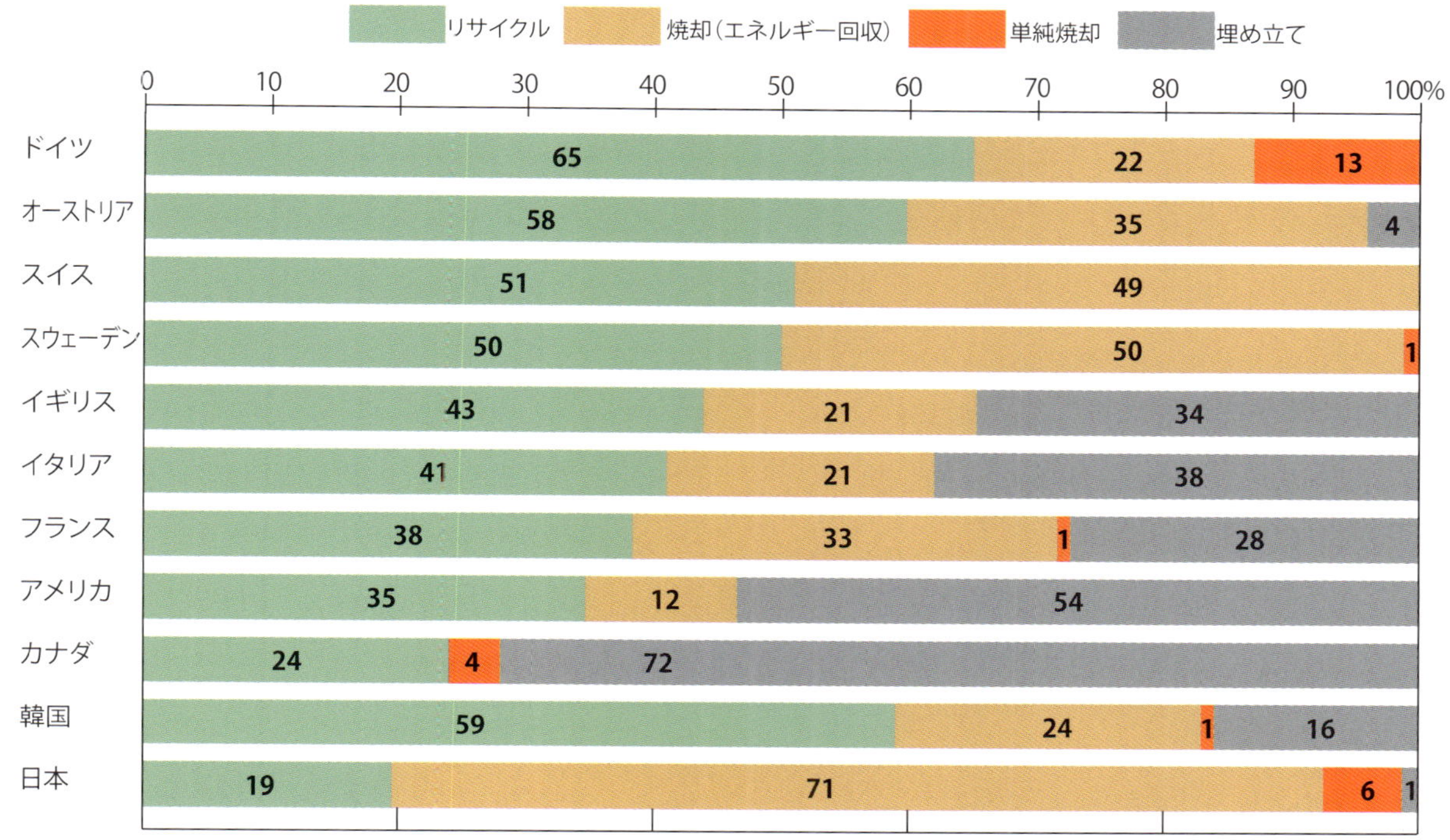

※四捨五入により合計が100%にならないものあり

世界のごみ処理の傾向

1 土地の狭い国は脱・埋め立て

ヨーロッパ諸国では、埋め立ては①土地の確保が難しい②焼却同様、有害化学物質の発生源になるとの理由から減少傾向にある

2 土地の広い国は埋め立て中心

アメリカ、カナダ、ロシア、中国は埋め立てが50%以上を占める

3 焼却2大国の真逆の政策

日本
ごみ焼却の大義名分として、エネルギー回収をリサイクルと位置づけている

スウェーデン
1904年からごみ発電によって地域暖房などをまかない、ごみを有効利用

欧州各国と日本のプラスチックリサイクル率は

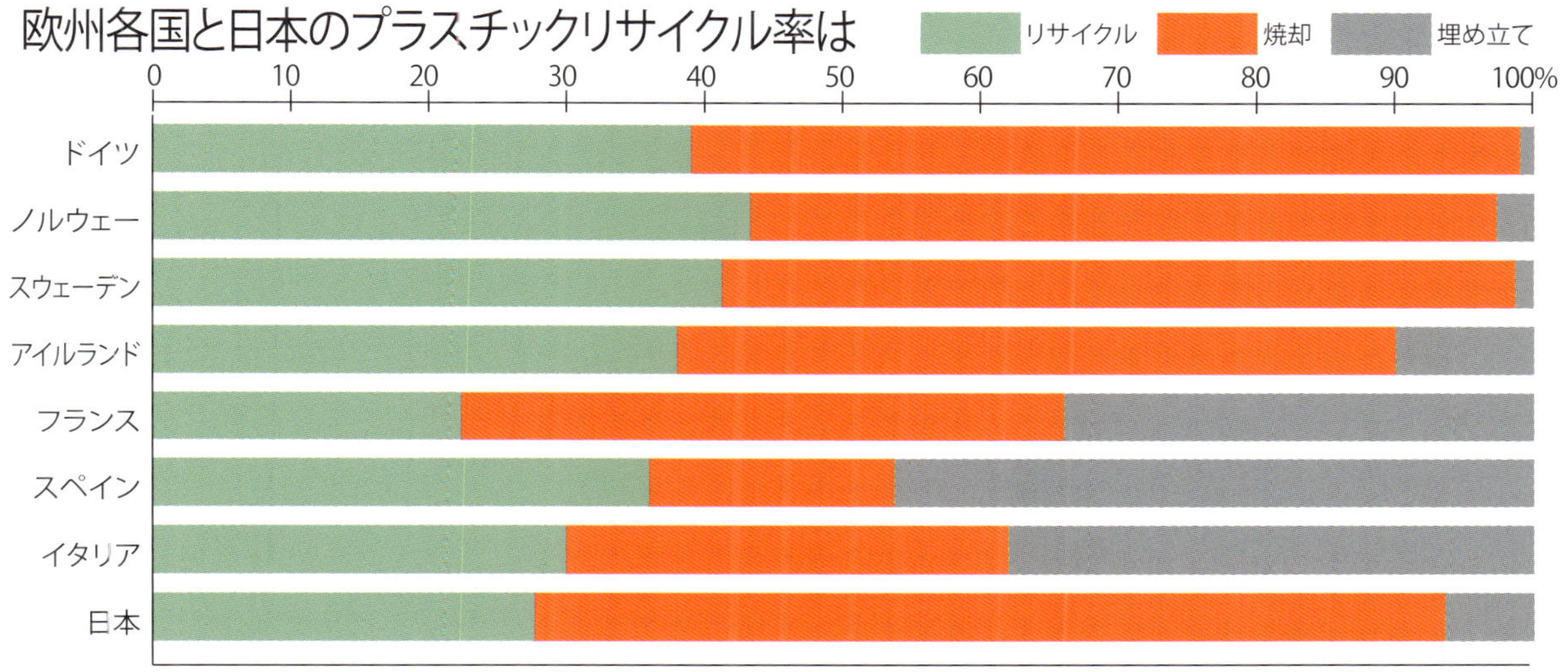

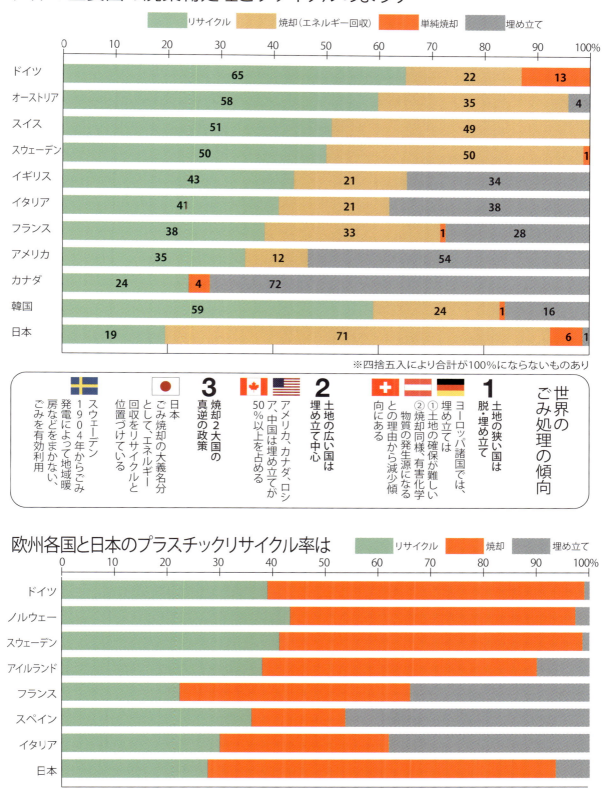

プラスチックリサイクルのいま④

ヨーロッパ諸国のごみ戦略 リサイクルから脱プラスチックへ

ドイツ
廃棄物を発生させない!! ドイツ人的な厳格さが生んだ

リサイクル率65%

DSD社がリサイクル事業を担う

1990年に飲料・容器・素材事業者らによって設立されたDSD社が、高度な技術と適切な費用のリサイクルシステムを確立している

1 子どものころから徹底したゴミ分別教育がなされている

2 リターナブル容器を優先する政策

3 ペットボトルの回収はデポジット制が定着

ドイツは地産地消の国

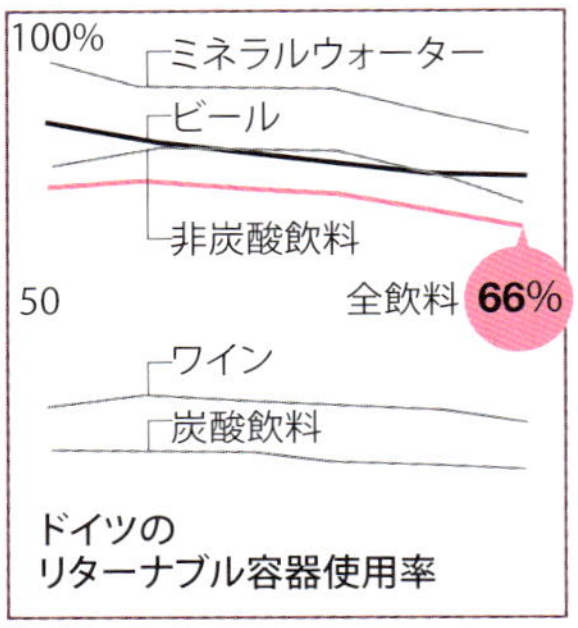

地域の独立性の高いドイツでは、食品の地産地消が定着。地ビールなどは遠距離輸送が必要なく、ガラス瓶が普通に使用されている

ペットボトル飲料の価格には資源回収費がデポジットとして上乗せ

回収可能なデポジットボトルにはこのようなマークがついている

スーパー内の回収機に入れると、レシートが発行される

ペットボトルは約34円
ビール瓶は約11円
このレシートを持ってレジへ

デポジット金額を買い物代金から引いてもらう

回収率を高めるデポジット制

リサイクル先進国ドイツでは、「ごみは資源である」という考え方のもとで、徹底したリサイクル政策がとられています。再利用・再生できるものはリサイクルし、廃棄物（本当の意味でのごみ）を発生させない、というのが基本理念です。

すでに1980年代から、リターナブル（繰り返し使える）容器には、デポジット制が採用されています。デポジット制とは、消費者が商品を買う価格にデポジット（預り金）が上乗せされ、空《から》のボトルをスーパーなどに持っていくと返金されるシステムです。例えばペットボトルのデポジットは約34円、と決して安くないことが、回収率を高めています。

同様にリサイクル先進国として知られるスウェーデンでも、デポジット制が導入さ

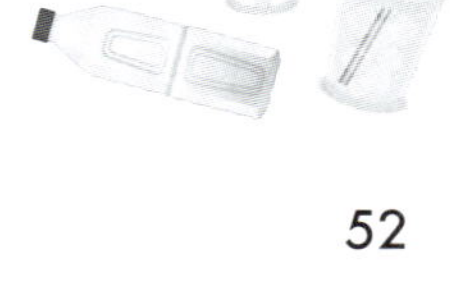

EUのプラスチック戦略
2021年までに使い捨てプラスチック禁止！

●禁止されるプラ製品

発泡ポリスチレンの食品・飲料容器
酸化型分解性プラスチック製の全製品
＊生分解性が弱い

●達成目標
プラスチック・ボトルの分別回収率―――2029までに90％に
ペットボトルの再生材料含有量―――2025年以降25％に
すべてのプラスチックボトルの再生材料含有量―2030年以降30％に

EU理事会はこの使い捨てプラスチック禁止法案を2019年5月に最終採択。各加盟国は2年以内に国内法化

参考：EUプレスリリース

フランス
国としては世界初
使い捨てプラスチック
禁止を決定

プラスチック製のコップ、皿は2020年から禁止
ストロー、カトラリー、発泡容器などは2021年から

すべての使い捨て食器のバイオ由来素材含有量50％以上に

再生されない包装材を使った商品には罰金

フランスのリサイクルステーション

プラスチック包装ゼロのスーパーも登場

ベルリンに開店した「オリギナル・ウンフェアパックト」。食品個別包装を廃止。客は持参した容器に入れて、量り売りしてもらう

野菜類も当然量り売り。意識調査でドイツ人の80％が果物・野菜のプラスチック包装は無駄と考えている

スウェーデン 廃棄物の99％をリサイクル

街中のリサイクルステーションに、大まかな分類で捨てている

廃棄物の50％が焼却される

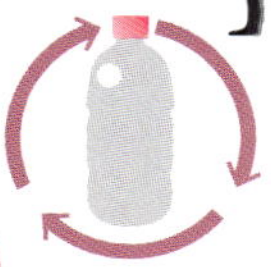

ペットボトルなどは、ドイツと同様にデポジット制を取り入れている

全国30カ所の焼却センターで処理され

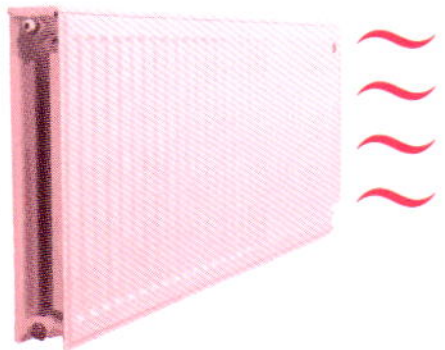

スウェーデン全体の暖房用エネルギーの20％を、これでまかなっている

れ、ペットボトルの約8割が回収されています。容器包装のリサイクル料金も、商品価格に上乗せされています。

同国では、埋め立てられるごみは、わずか1％。その他99％のうち、リサイクルできるものはリサイクルし、生ごみは肥料やバイオガスの原料に、残り50％はp51でも見たように、焼却して地域暖房などに当てられています。計画性をもって、ごみをとことん有効利用するのがスウェーデン流といえるでしょう。

EUは使い捨てプラスチック禁止

ヨーロッパ27カ国を束ねるEUは、海洋ごみ問題を受けて、大胆なプラスチック戦略を打ち出しています。リサイクルの推進はもちろんのこと、使い捨てプラスチック製品を2021年までに禁止する、という法案を可決。加盟国には、これに対応する国内法の整備が義務づけられています。

すでにフランスは、世界初の使い捨てプラ製品使用禁止令を公布しており、2020年1月から一部施行されています。リサイクルから使い捨て禁止へと移行するEUの姿勢は、世界の指針となりつつあります。

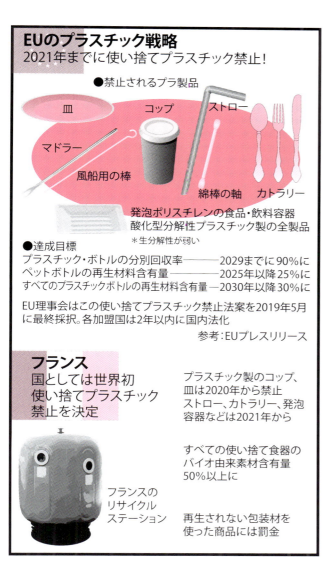

経済優先のごみ大国アメリカで行き詰まるリサイクル事業

リサイクルは割に合わない!?

世界有数のごみ排出国アメリカでも、リサイクルが推進されていますが、州や都市によって、ごみ政策は大きく異なります。

最もリサイクルが進んでいるのは、カリフォルニア州です。ごみ回収容器は、リサイクル（資源物）、コンポスト（堆肥化できる生ごみなど）、埋め立て（その他のごみ）の3種に色分けされ、回収費用は住民が負担します。プラスチック類は、瓶や缶と一緒に資源物として回収され、分別は処理施設で行われます。同州には、コストのかかる焼却炉が極めて少ないため、焼却に頼らず、リサイクルと堆肥化によって埋め立てごみを徹底的に減らす、という考え方です。このようにわかりやすくシンプルな方式が効を奏し、全米屈指のリサイクル率50％超を達成しています。

同様にリサイクルに取り組む州や都市は、徐々に増えてはいますが、アメリカ全体のリサイクル率は欧州に比べて低く、プラスチックに限れば、左上の円グラフに示したように約9％にとどまっています。

これに追い打ちをかけたのが、中国のプラごみ輸入禁止です。それまで中国に売っていた大量のプラごみを、自国でリサイクルしなければならなくなり、リサイクル費用が高騰《こうとう》。民間の大手リサイクル企業が、その費用を自治体に求めたため、リサイクルを中止する自治体も現れています。

このように、現在のアメリカでは、リサイクル事業が行き詰まりを見せていますが、その一方で、欧州同様、使い捨てプラスチック禁止を支持する声が高まっています。すでにカリフォルニア州、ワシントンDC、ハワイ州などでは、レジ袋が規制されています。また、国内だけで1日5億本も使われるプラスチック製ストローに対しても、2018年に全米の主要都市で初めてシアトル市が禁止を表明。カリフォルニア州も2019年に禁止しています。

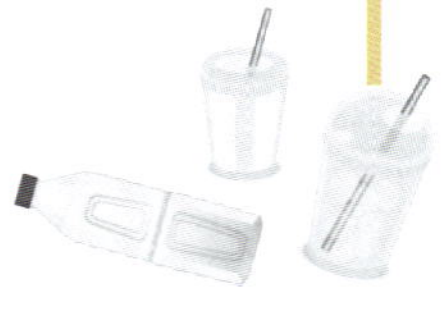

アメリカ 行き詰まっているリサイクル事業

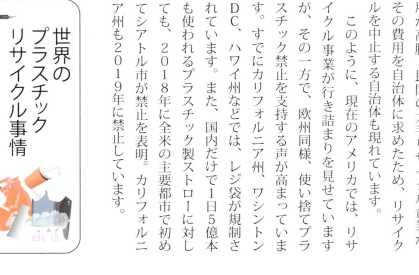

カリフォルニア州

全米唯一プラスチックリサイクル率50%を義務付けているが…

青 リサイクル＝プラスチック、ガラス、缶、紙

緑 コンポスト＝生ごみ、紙容器、庭の植物ごみ

黒 埋め立て＝その他のすべて

この無分別のリサイクルごみが巨大処理センターに

プラスチックごみの処理方法
(2015年)

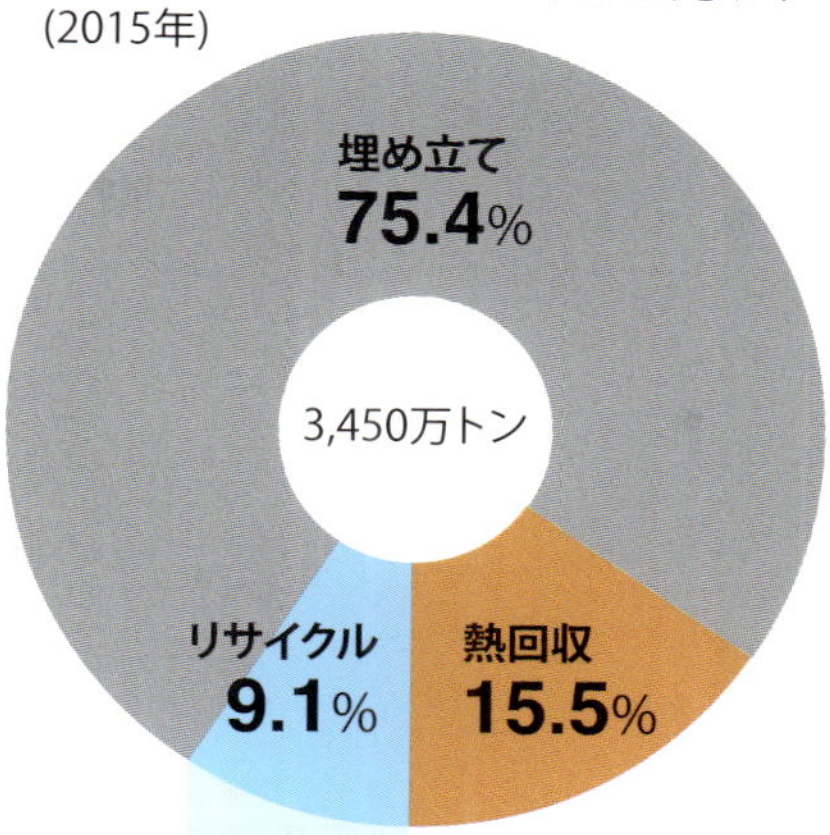

処理は民間企業に委託される

例えば

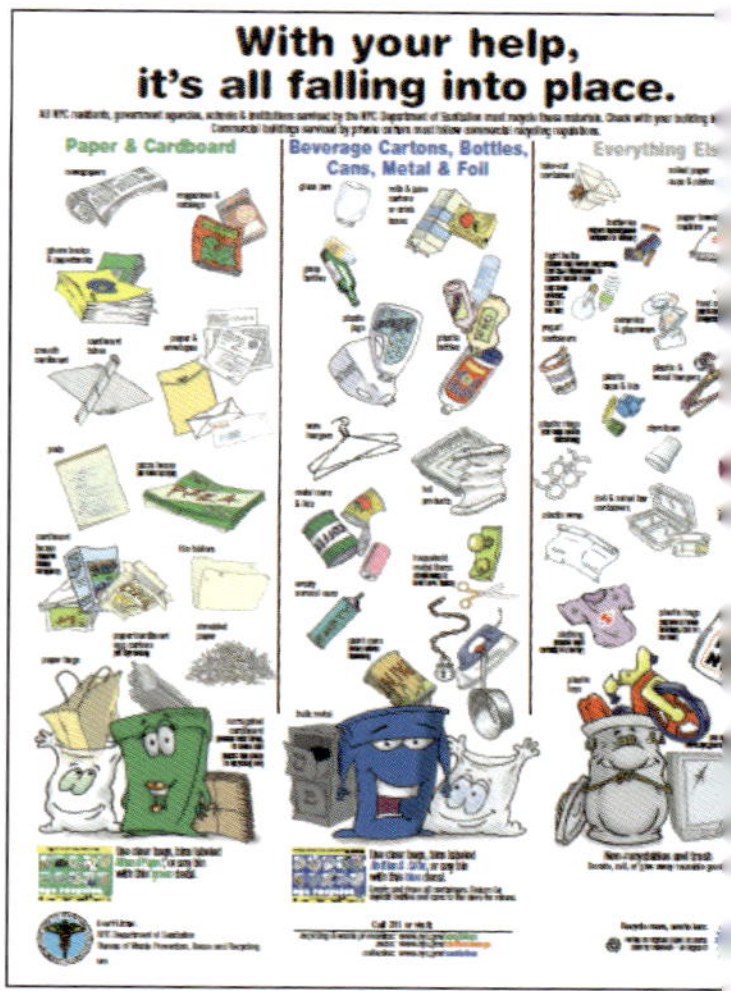

大雑把な分別ルールが一般的

分別は3種類のみ。紙類、ガラス・金属、その他。この「その他」の中に多量の生ごみも、汚れたプラスチックごみも含まれる

大手リサイクル企業が運営するシングルストリーム分別方式

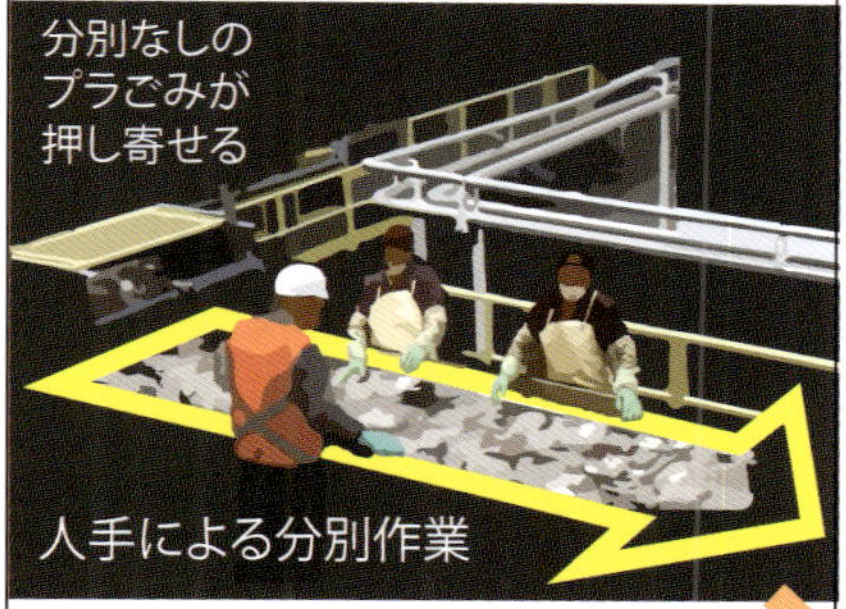

この処理システムの運営費の高騰が自治体の新たな負担になった

Waste Management社など民間リサイクル企業

業務委託料の支払い

処理費用の値上げを要求

自治体

もうリサイクルは財政的に無理だ

2017年には　133万トンを輸出

二重のダメージ

返品される

行き場のないプラごみが港に堆積

リサイクル素材のプラごみの価格も低下

石油価格の低下

中国

上海で実施された厳しいごみの分別

市民に配布された分別マニュアルが、あまりにも複雑で、人々は戸惑っている。捨てたごみ袋にはQRコードがつき、誰が捨てたのか把握される地域も

ロシア

プーチン大統領も「きれいな国」宣言。でも進まないごみ処理

年間のごみ排出量は7,000万トン。その9割が埋め立てられているが、処理場は飽和状態。2019年よりリサイクル分別をルール化したが住民の協力が問題

インドネシア

海藻で作った食べられるプラスチック

Evowareという若い企業が開発した、海藻から作った温水で溶けるプラスチック代替品が注目されている

インド

廃プラスチックで高速道路建設

廃プラの道路舗装材への利用は、インドが独自技術をもち、すでに数千kmのプラスチック混合アスファルト道路を建設している

part 4

プラスチックリサイクルのいま⑥

ようやく始まった企業の取り組み 主軸はリサイクルと新素材開発

グローバル企業がリサイクル推進

環境保護団体グリーンピースは、世界6大陸で大規模な清掃を行い、18万7000点以上のごみを回収。そのうちの使い捨てプラごみをメーカー別に仕分けし、多い順に並べたのが、左ページのリストです。コカ・コーラ、ペプシコ、ネスレ、とお馴染《なじ》みのグローバル企業の名が並びます。

これまでも、プラごみ対策は、消費者や自治体だけでなく、プラスチック製品を製造・提供する企業の協調が必要であることが、たびたび指摘されてきました。海洋ごみ問題が、世界的関心事となったいま、ようやく企業も対策を講じ始めています。

コカ・コーラは、2030年までに、製品に使用するすべてのボトルの回収とリサイクルを推進する目標を設定。ペプシコは、2025年までに容器の100％リサイクルを目指しています。さらに両社は、米国プラスチック産業協会からの脱退を表明。プラ容器規制に反対する協会と離れ、プラごみ削減を目指す世界の動きに同調する姿勢を示しています。このほかにも、左に示したように、多くの企業がリサイクルに取り組み始めています。

ケミカルリサイクルとバイオ素材

使い捨て容器を商品に使う企業だけでなく、合成繊維を扱う企業も同様です。

アメリカの衣料メーカー、パタゴニアは、1993年に世界で初めてペットボトルを再生したフリースを使用。日本でも、東洋紡、ユニチカなどの繊維メーカーが、ペットボトルの回収と再生に取り組んでいます。また、東レは自社が開発したナイロン6を解重合《かいじゅうごう》（ｐ26参照）によって再び製品化するケミカルリサイクル技術を早くから確立し、すでに制服や漁網《ぎょもう》の回収・リサイクルで実績を上げています。

リサイクルと並行して進むのが、バイオプラスチックへの転換です。プラスチック製ストローが鼻孔《びこう》に刺さったウミガメの映像が、人々に衝撃を与えて以来、生分解性ストローに注目が集まっていますが、日本でも大手コンビニのセブンイレブンが、一部で試験的に導入しています。

バイオ素材開発が進む欧州では、デンマークの玩具会社レゴが、子どもが安心して遊べるよう、ブロック玩具の素材をABS樹脂からバイオ由来の素材に順次切り替えています。また、ドイツの大手化学メーカーBASFが開発した生分解性プラスチック、エコバイオは、ごみ袋や農業用フィルム、発泡スチロールの代替品として期待されています。バイオプラスチックについては、ｐ66～67で詳しく見てみましょう。

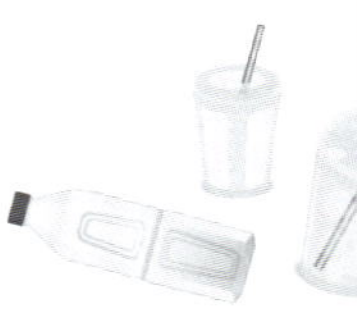

日本発のプラスチックを食べる酵素が世界で注目

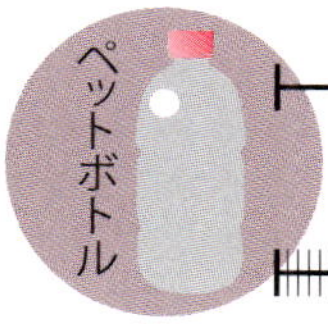

自然界で分解 100年…
数百年が必要

PETase が登場
数日で有機分解される

これでプラスチックごみ処理に
希望が見えた!?

大阪のリサイクル施設で発見されたバクテリア ← イデオネラ・サカイエンシス

↓

日本の研究チームが分解能力を劇的に向上させる → このバクテリアの酵素が PETase

界面活性作用
100倍以上の分解能力を発揮した

世界的企業はこんな動きを始めた

コカ・コーラ	2030年までに容器を100%回収
ペプシコ	2025年までに容器を100%リサイクル化
モンデリーズ	2025年までにすべての包装をリサイクル可能素材に変更
ネスレ	2025年までにすべての容器の再資源化・再利用化を実現
レゴ	2030年までに製品素材をABS樹脂から、バイオプラスチック素材に変更

海岸などで見つかったプラごみのメーカーランキング

この上位**3**社で
世界のプラごみの**14%**を占める

1. **コカ・コーラ**(アメリカ)
2. **ペプシコ**(アメリカ)
3. **ネスレ**(スイス)
4. **ダノン**(フランス)
5. **モンデリーズ**(アメリカ)
6. **プロクター・アンド・ギャンブル**(アメリカ)
7. **ユニリーバ**(イギリス・オランダ)
8. **ペルフェティ・ファン・メレ**(オランダ・イタリア)
9. **マース**(アメリカ)
10. **コルゲート・パルモリブ**(アメリカ)

グリーンピース調べ

欧州で先行する生分解性プラスチックへの移行

生分解性をもつプラスチックの新素材開発も進展

ドイツBASF社

完全生分解性発泡プラスチック「ecovio」

ポリ乳酸 + コポリエステルが
発泡スチロールの代替品に

日本のカネカも健闘している

カネカ+
セブン&アイ・ホールディングス
ストローを生分解性素材に

ヨーロッパでは、
「カネカ生分解性ポリマーPHBH」
が包装材料として認定

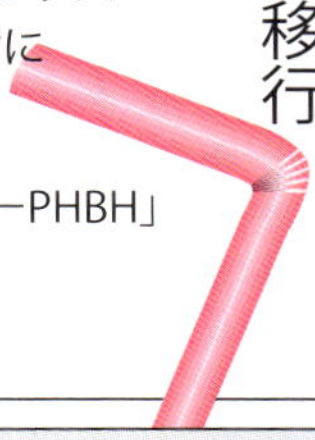

日本の繊維メーカーは自社製品のリサイクルを続けてきている

1970年代より完全循環型ケミカルリサイクルに取り組む

東レ

ナイロン6 / ポリエステル → **サイクリード** → 繊維原料 / ファスナーなど

東洋紡STC

ペットボトル 回収 → **エコールクラブ** → 作業衣 / 白衣 / 鞄

ユニチカトレーディング

ペットボトル 回収 → **再生ポリエステル繊維** → フェルト製品など

国際環境NGO 世界自然保護基金(WWF)はこう提言している

世界中の**100**の企業と政府組織が取り組めば、**1,000**万トンのプラスチックごみは減らせる

プラスチックリサイクルのいま⑦

日本の容器包装リサイクル法はプラごみ抑制にはならない!?

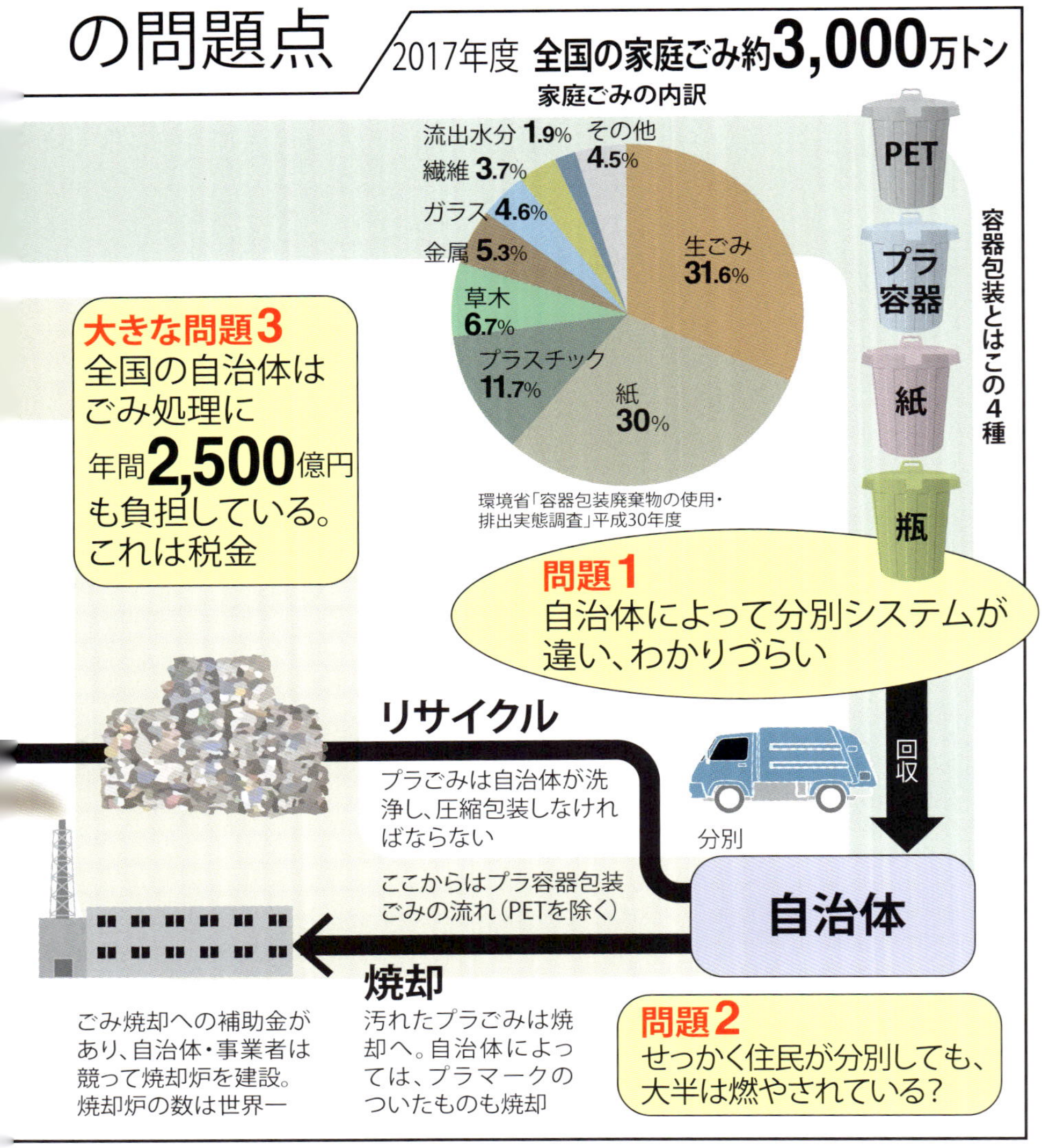

の問題点
2017年度 全国の家庭ごみ約3,000万トン
家庭ごみの内訳
生ごみ 31.6%
紙 30%
プラスチック 11.7%
草木 6.7%
金属 5.3%
ガラス 4.6%
繊維 3.7%
流出水分 1.9%
その他 4.5%

環境省「容器包装廃棄物の使用・排出実態調査」平成30年度

PET

プラごみは自治体が洗浄し、圧縮包装しなければならない
ここからはプラ容器包装ごみの流れ（PETを除く）
焼却
汚れたプラごみは焼却へ。自治体によっては、プラマークのついたものも焼却
ごみ焼却への補助金があり、自治体・事業者は競って焼却炉を建設。焼却炉の数は世界一
問題2
せっかく住民が分別しても、大半は燃やされている?

企業より自治体に重い負担

日本では、1995年に容器包装リサイクル法が制定され、1997年にペットボトル、缶、瓶、2000年にプラスチック、紙など容器包装ごみのリサイクルが、企業に義務づけられるようになりました。

大まかな流れは、①容器包装を製造・利用・販売する企業は、リサイクルをとりまとめる協会に委託料を支払う。②消費者は、ごみを分別して出す。③自治体は、それを収集・選別してリサイクル業者に引き渡す。④リサイクル業者には、協会からリサイクル費用が支払われる、というものです。

しかし、再生効率のいいペットボトルは別として、種々雑多なプラ容器包装は、実のところ多くが燃やされています。その理由のひとつは、汚れたものや中身が残っているものは、リサイクル業者が引き取らな

容器包装とはこの4種
大きな問題3
全国の自治体はごみ処理に年間2,500億円も負担している。これは税金
問題1
自治体によって分別システムが違い、わかりづらい
回収

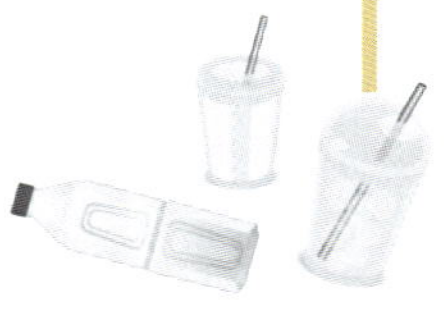

容器包装リサイクル法とプラごみリサイクル

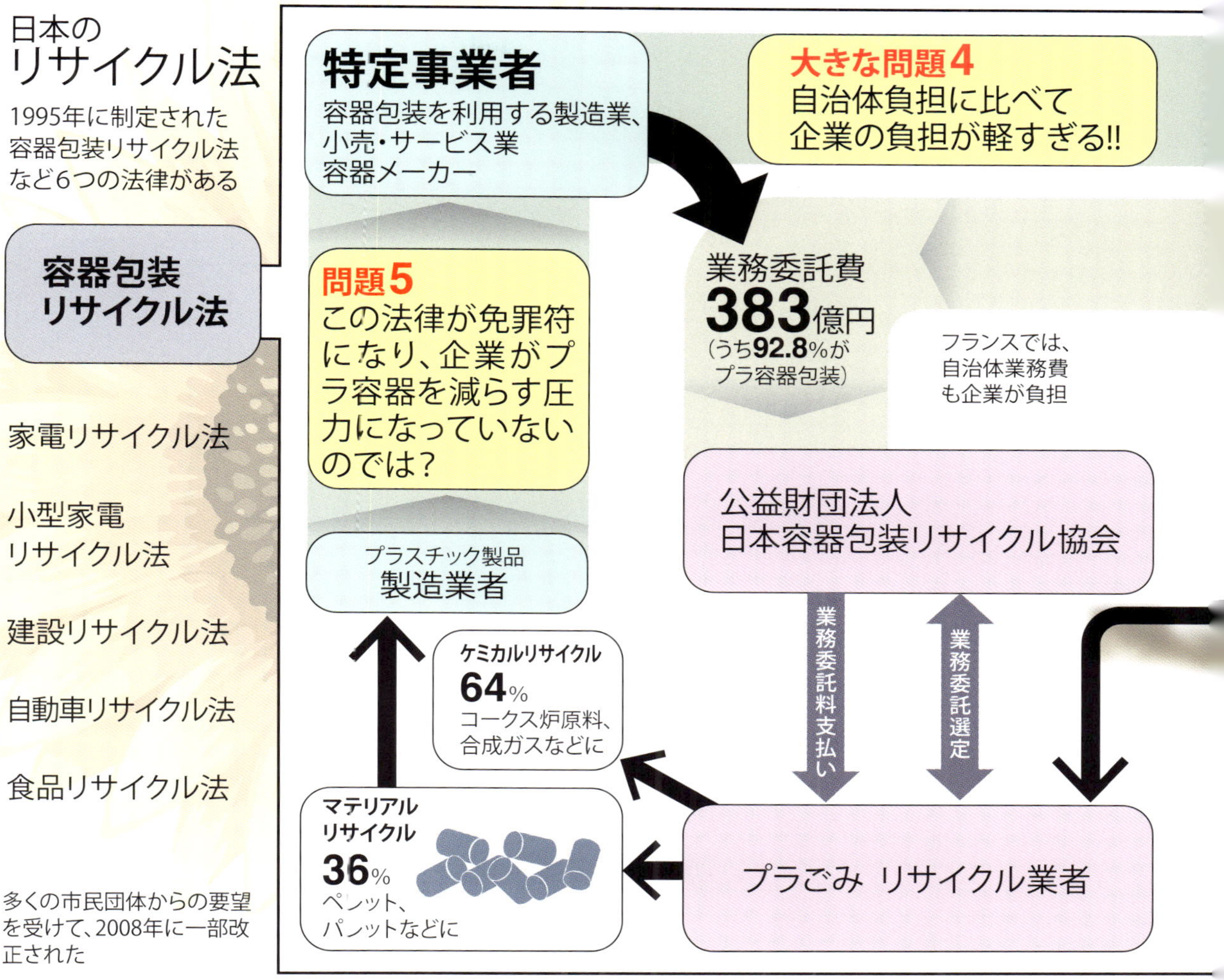

いため。もうひとつは、法律改定によって、サーマルリサイクル、つまり焼却が認められるようになったためです。

事実、東京23区のうち6区は、プラマークのついた容器包装も「可燃ごみ」に指定しています。総じて小規模な自治体ほど、リサイクルに熱心に取り組む傾向が見られ、自治体によってごみ政策が異なります。さらに、「容器包装」の定義がわかりにくいことも、消費者の混乱を招いています。

最大の問題は、自治体にのしかかる負担です。ごみを業者に引き渡すためには、不純物を取り除き、運びやすいよう圧縮し、一定量を保管しておかなければなりません。そのための費用が、全国合計で年間推定約２５００億円、それに対し企業の負担金（委託金）は約３８０億円です。そもそも企業に、製品全体ではなく、リサイクルされた量に対してしか、支払い義務を負いません。しかも、負担金を払わない「ただ乗り企業」が相当数存在すると指摘されています。さらに、負担金を払うことで企業がプラ容器削減に向けた努力をしない、消費者もリサイクルに頼ってごみを出し続ける、という悪循環を招いているのです。

プラスチックの生涯に責任をもつ。これからのリサイクルの考え方

リサイクルを阻む素材の特性

全世界のプラスチックリサイクル率は、わずか９％にすぎません。

リサイクルがなかなか進まない理由のひとつは、費用がかかり、採算がとれないこと。また、再生されたプラスチックは、どうしても質が落ちてしまいます。

もうひとつの大きな理由は、プラスチックという素材の複雑さにあります。第一に、種類があまりにも多いこと。リサイクルするためには、ポリエチレン、ＰＥＴなど、種類ごとに分別する必要がありますが、この分別はほとんど手作業で行われています。

第二に問題なのは、プラスチック製品の中には、複数の素材を組み合わせたものがあることです。特に日本は、欧米に比べて高性能が重視され、複合素材が多く使われています。例えば食品包装用のフィルムは、空気遮断《しゃだん》性のあるナイロン、防湿性のあるポリエチレンなど、中に入れる食品に応じて、異なる特性をもつ素材が何層にも重ねられています。こうした複雑な素材は、当然ながらリサイクルしにくくなります。さらに、プラスチックに使われる添加剤も、リサイクルを困難にしています。

このように、リサイクルしにくいものを企業が生産・使用していては、限りある石油資源からつくられるプラスチックを、有効に使うことができません。

ゆりかごからゆりかごへ

リサイクル先進国のドイツでは、容器包装ごみの責任を負うのは、容器包装を使用した製品を生産する企業であり、リサイクルまで考えた製品の開発が求められています。企業は「ゆりかごから墓場まで」ではなく、「ゆりかごからゆりかごへ」と循環する経済を目指し、製品の生涯にわたって責任をもつ、という考え方です。

左に示したのは、望ましいプラスチックリサイクルのあり方です。

まず、プラスチック製品、ならびにプラ容器包装を使用した製品を生産・販売する企業は、リサイクルしやすい製品を企画・設計する。製品が廃棄されたあとは、回収して再生し、再び市場に送り出す。

消費者は、使い捨て生活を見直すと共に、プラごみはリサイクルしやすいよう、汚れを取り除いて分別する。

行政は、自治体が回収したプラごみを、焼却しないで有効利用できるよう道筋をつけ、ましてや海外にごみを輸出させせない。

こうした一貫したリサイクルネットワークのもとで、生産者、消費者、行政が、それぞれの役割を果たしていくことが必要でしょう。

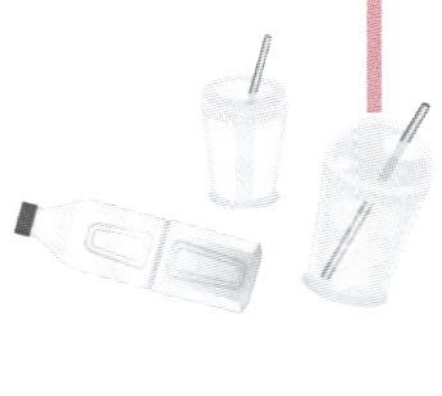

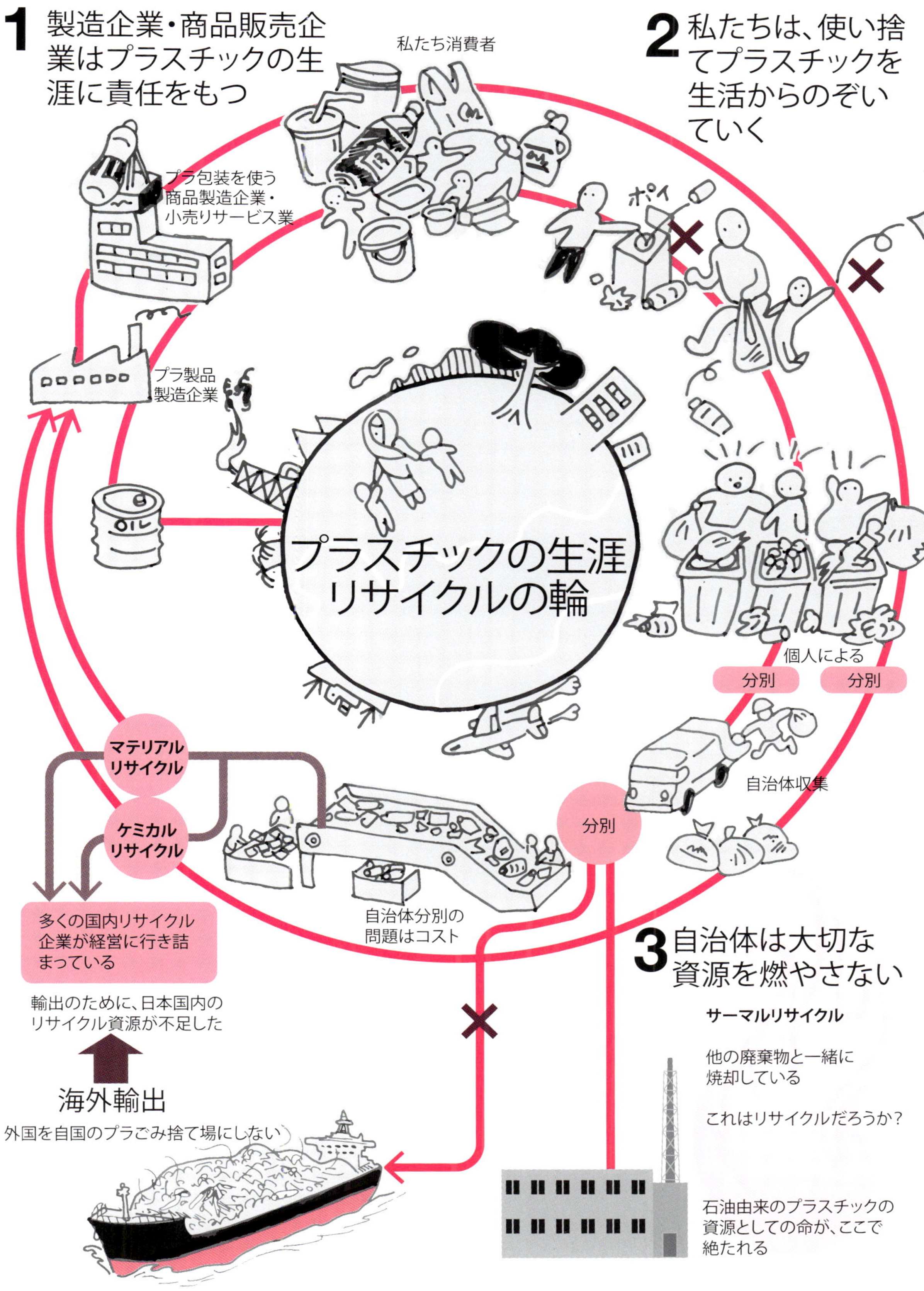

1 製造企業・商品販売企業はプラスチックの生涯に責任をもつ
私たち消費者
2 私たちは、使い捨てプラスチックを生活からのぞいていく
プラ包装を使う商品製造企業・小売りサービス業
ポイ
プラ製品製造企業
OIL
プラスチックの生涯
リサイクルの輪
個人による
分別
分別
マテリアル リサイクル
ケミカル リサイクル
自治体収集
分別
多くの国内リサイクル企業が経営に行き詰まっている
自治体分別の問題はコスト
3 自治体は大切な資源を燃やさない
輸出のために、日本国内のリサイクル資源が不足した
サーマルリサイクル
他の廃棄物と一緒に焼却している
これはリサイクルだろうか？
海外輸出
外国を自国のプラごみ捨て場にしない
石油由来のプラスチックの資源としての命が、ここで絶たれる

国連の持続可能な開発目標SDGs 2030年までになすべきこと

世界共通課題となったプラ問題

国連に加盟する世界193カ国は、2015年に「持続可能な開発のための2030アジェンダ（行動計画）」を採択。上に示した17の「持続可能な開発目標（SDGs《エスディージーズ》）」と、169の具体的なターゲットを掲げ、2030年までの達成を目指しています。

「持続可能な開発」とは、現在の世代のニーズを満たすだけでなく、未来の世代のニーズをも満たす開発を指します。SDGsは、地球上の様々な問題に、世界の国々が連携して取り組み、健全な開発を目指すための指針として設けられました。

海洋プラスチック問題も、早急に取り組むべき課題として、目標14のターゲットのひとつに盛り込まれています。「2025年までに、海洋ごみや富栄養化《ふえいようか》を含む、あらゆる種類の海洋汚染を防止し、大幅に削

持続可能な開発目標SDGs

目標14 海洋と海洋資源を持続可能な開発に向けて保全し、持続可能な形で利用する

目標15 陸上生態系の保護、回復および持続可能な利用の推進、森林の持続可能な管理、砂漠化への対処、土地劣化の阻止・回復ならびに生物多様性の損失阻止を図る

目標11 都市と人間の居住地を包摂的、安全、強靭かつ持続可能にする

目標12 持続可能な消費と生産のパターンを確保する

目標13 気候変動とその影響に立ち向かうため、緊急対策をとる

目標16 持続可能な開発に向けて平和で包摂的な社会を推進し、すべての人々に司法へのアクセスを提供すると共に、あらゆるレベルにおいて効果的で責任ある包摂的な制度を構築する

目標17 持続可能な開発に向けて実施手段を強化し、グローバル・パートナーシップを活性化する

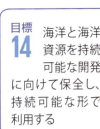

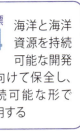

国連が2030年までに目指

目標 1　あらゆる場所であらゆる形態の貧困を終わらせる

目標 2　飢餓を終わらせ、食料の安定確保と栄養状態の改善を達成すると共に、持続可能な農業を推進する

目標 3　あらゆる年齢のすべての人々の健康的な生活を確保し、福祉を推進する

目標 4　すべての人々に包摂的かつ公平で質の高い教育を提供し、生涯学習の機会を促進する

目標 5　ジェンダーの平等を達成し、すべての女性と女児の能力強化を図る

目標 6　すべての人々に水と衛生へのアクセスと持続可能な管理を確保する

目標 7　すべての人々に手ごろで信頼でき、持続可能かつ近代的なエネルギーへのアクセスを確保する

目標 8　すべての人々のための持続的、包摂的かつ持続可能な経済成長、生産的な完全雇用および働きがいのある仕事を推進する

目標 9　強靭なインフラを整備し、包摂的で持続可能な産業化を推進すると共に、イノベーションの拡大を図る

目標 10　各国内および国家間の不平等を是正する

減する」としたのがそれです。

　また、目標12には、「2030年までに廃棄物の発生を防止、削減、リサイクル、再利用によって大幅に削減する」とするターゲットが掲げられています。

　これらを受けて、2017年に開かれた初の国連海洋会議では、海洋プラごみを減らすための行動の呼びかけが、全会一致で採択されました。

　2018年にカナダで開かれたG7シャルルボワ・サミットでは、カナダ、フランス、ドイツ、イタリア、イギリス、EUが「海洋プラスチック憲章」に署名。これは「2030年までにすべてのプラスチックを再利用・リサイクルないし何らかの形で利用可能となるよう産業界と協力する」などの目標を掲げた、事実上のプラスチック規制宣言です。日本は産業に与える影響を理由に、アメリカと共に署名を拒否して批判を浴びましたが、翌年のG20大阪サミット（p8参照）では、海洋プラ問題に前向きに取り組む姿勢を示しています。

　国連主導のもと、世界はいま足並みを揃《そろ》え、リサイクルはもとより、プラごみそのものの削減に向けた努力を始めています。

part 5

リサイクルより「減らす」「使わない」3Rから4Rへの転換

リサイクルはごみ処理の最終手段

1990年代から始まったリサイクルの取り組みは、一定の成果は上げているものの、プラごみ問題の根本的な解決にはなっていません。国連が示したSDGs《エスディージーズ》でも、廃棄物の発生防止と削減に重きが置かれているように、いま最も早急に進めなければならないのは、プラごみを極力出さないようにすることであるのは、誰の目にも明らかでしょう。

プラスチックに限らず、ごみ問題の対策として、かつては、Reduce（リデュース）、Reuse（リユース）、Recycle（リサイクル）の頭文字をとって「3R運動」が進められていました。現在は、これにRefuse（リフューズ）を加えた「4R運動」が推進されているのが、世界的な傾向です。

この4Rには、次のような優先順位があります。

①リフューズ（断る、使わない）
ごみの発生源になるものを買ったり、もらったりしない。

②リデュース（減らす）
ごみの発生源になるものを削減する。

③リユース（再利用）
同じ用途で再び使えるものは繰り返し使う。

④リサイクル（再生利用）
再生可能なものはリサイクルする。

つまり、ごみ対策には、ごみのもとになるものを使わない、もしくは使用量を減らすことが重要であり、リサイクルは最後の手段なのです。

しかし、日本では自治体のごみ処理の優先順位が、**①リサイクル**、**②焼却**、**③埋め立て**、となっているせいか、私たちはせっせとごみを分別してリサイクルに出すのが、まるで義務であるかのように思いがちです。リサイクルすることが、環境に配慮した暮らし方だといわれ始めたのは1990年代であり、その頃と現在とでは、状況が違います。プラスチック製の使い捨て容器包装が爆発的に増えたのは、2000年以降のことなのです。

何かを買うと、もれなくプラスチック包装がついてくる現在、私たちは、リサイクルとはごみ処理の最終手段であることを、再認識する必要があるでしょう。また、使い捨てを前提としたプラスチック製品は、リユースには向いていません。かといって、プラスチックを使わない生活を送るのは、現実的ではありません。となると、いま私たちにすぐにできることは、プラスチックの使用を減らすことでしょう。

次のページからは、リサイクルやリユース以外のプラごみ対策を、様々な取り組み例をまじえて紹介していきます。

プラごみ問題はもとから断たなきゃダメ

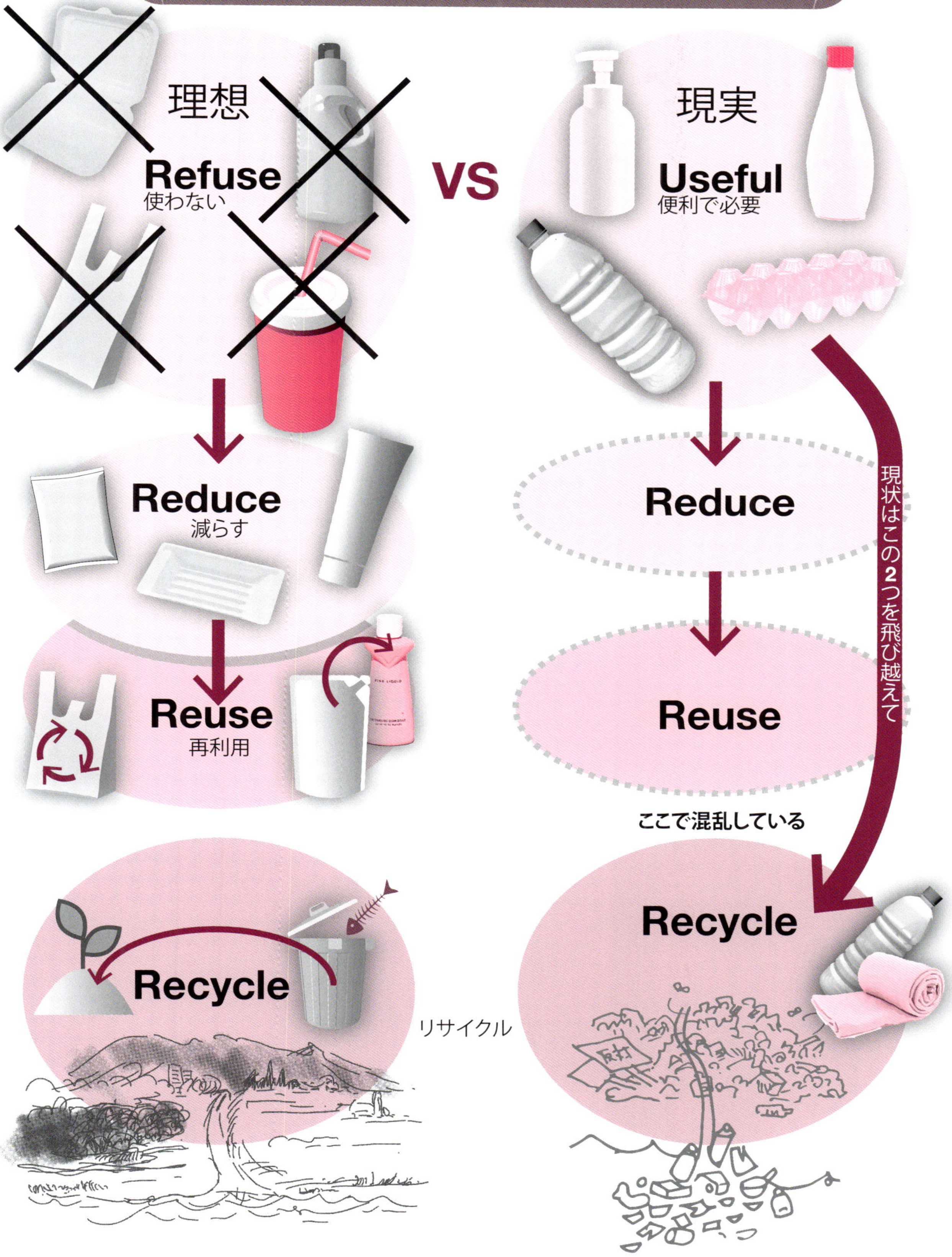

part 5

脱プラスチック生活への道②

自然に還るバイオプラスチックは本当にごみ問題の解決策になるの？

生分解性プラスチックにも問題が

プラスチックの最大の問題点は、生分解、つまり微生物による分解がされないことにあります。この問題を克服するために、すでに1970年代から、より環境への負荷が少ないバイオプラスチックの開発が進められてきました。

よく知られているのは、トウモロコシを原料とするポリ乳酸からつくられるバイオプラスチックです。原料が植物なので、微生物によって分解され、最終的には二酸化炭素と水に還《かえ》ります。このように、自然界で完全に分解されるプラスチックは「生分解性プラスチック」と呼ばれ、天然由来のほか石油由来のものもあります。

生分解性プラスチックは、プラごみ問題の解決策のひとつとして期待されています。しかし、普通のプラスチックよりも製造コストがかかりますし、生分解されるということは、長持ちしないということなので、耐久財には向いていません。また、環境によって、生息する微生物の種類や数が違うので、生分解の速度も変わってきます。例えば、前述のポリ乳酸は、高温多湿の環境では分解しても、土や水の中では分解されにくいことがわかってます。

非生分解性のバイオプラもある

バイオプラスチックのうち、バイオマス（再生可能な天然由来の材料）を使ったものは「バイオマスプラスチック」と呼ばれています。ここで注意したいのは、バイオマスプラスチックには、石油由来の材料を限定的に使っているものもあれば、生分解性をもたないものもあるということです。

さらに、バイオマスプラスチックを製品化する際には、性能を高めるために、普通のプラスチックや添加剤と混合することが多いため、自然環境のなかで完全に分解されずに一部は残ってしまいます。

それでも100％石油由来のものに比べたら、限られた資源である石油の使用量が減り、燃やしたときに発生する二酸化炭素量も、プラごみの量も減る、という利点があるため、現在はバイオマスプラスチック製品の開発が盛んに進められています。

しかし、生分解性のあるなしにかかわらず、バイオプラスチックを普及させるためには、普通のプラスチックとは別に回収してリサイクルするシステムを整える必要があります。また、バイオプラスチックは現在、主に農業資材や使い捨ての食品容器、ペットボトル、レジ袋、ティーバッグなどに使われていますが、バイオ素材なら捨ててもいい、という考え方を助長してしまうことも問題視されています。

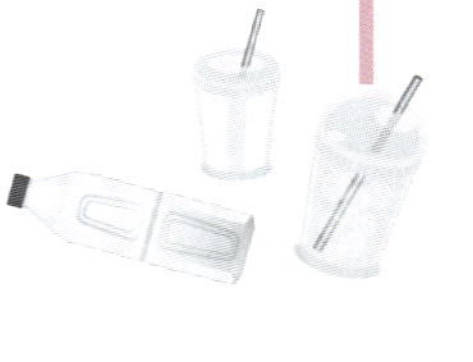

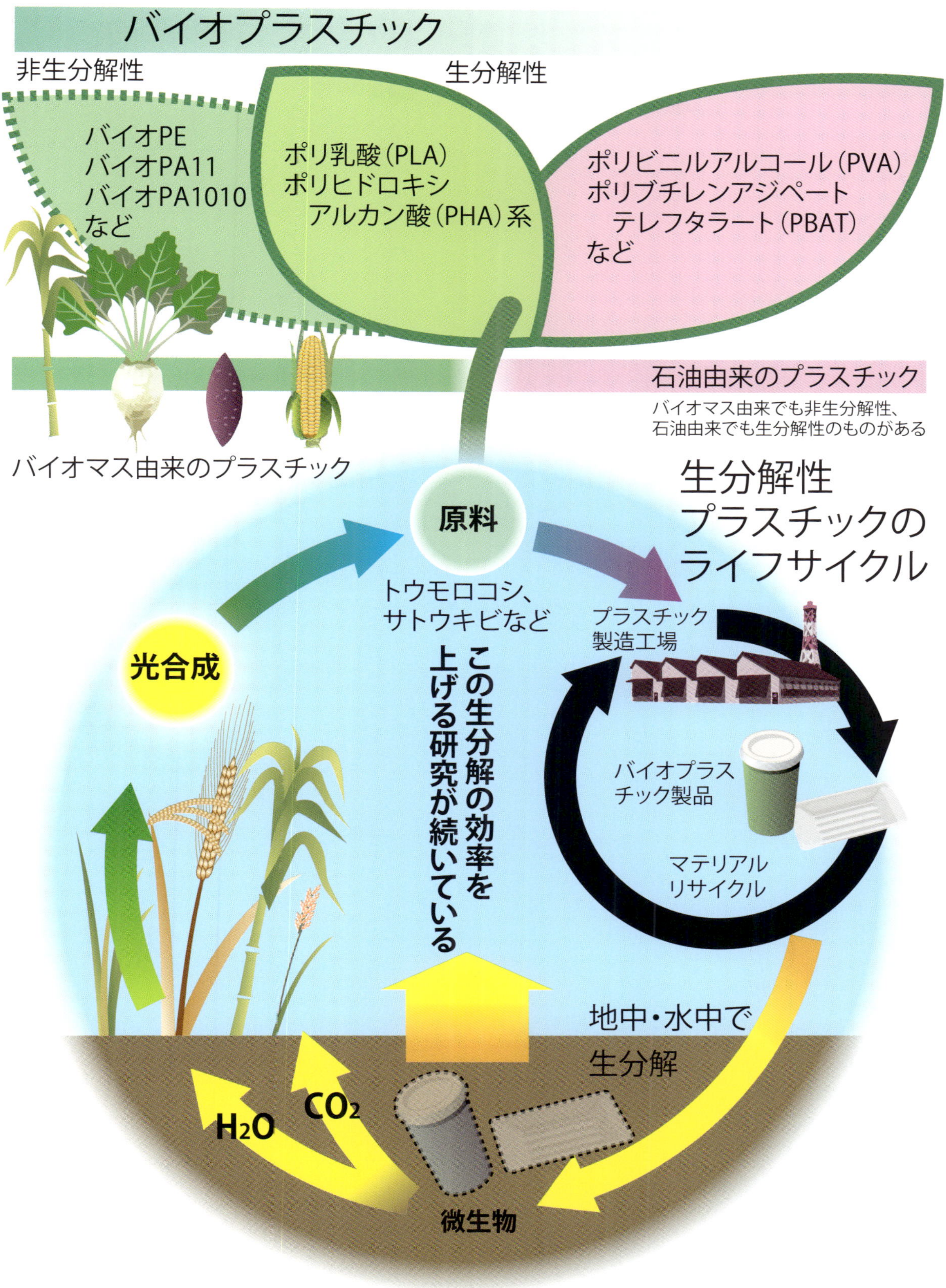
バイオプラスチック
非生分解性
生分解性
バイオPE
バイオPA11
バイオPA1010
など
ポリ乳酸（PLA）
ポリヒドロキシ
アルカン酸（PHA）系
ポリビニルアルコール（PVA）
ポリブチレンアジペート
テレフタラート（PBAT）
など
石油由来のプラスチック
バイオマス由来でも非生分解性、
石油由来でも生分解性のものがある
バイオマス由来のプラスチック
生分解性
プラスチックの
ライフサイクル
原料
トウモロコシ、
サトウキビなど
光合成
この生分解の効率を
上げる研究が続いている
プラスチック
製造工場
バイオプラス
チック製品
マテリアル
リサイクル
地中・水中で
生分解
H_2O
CO_2
微生物

ごみを燃やさない、埋めない 世界に広がるゼロ・ウェイスト運動

詳しくはp72〜73

資源化できないごみを出さない

捨てる社会から捨てない社会へ。ごみをなるべく出さないように暮らす「ゼロ・ウェイスト（ごみゼロ）」の取り組みが、世界各地で始まっています。

ゼロ・ウェイストは、焼却や埋め立てに頼らず、再利用や資源化によってごみをなくす政策として、イギリスの産業経済学者マレーが最初に提唱したものです。１９９６年に、オーストラリアの首都キャンベラが、世界で初めてゼロ・ウェイストを宣言したのに続き、ニュージーランドの半数以上の都市、アメリカ、カナダ、ヨーロッパなどの都市に拡大していきました。

日本では、徳島県上勝町《かみかつちょう》が２００３年にゼロ・ウェイストを宣言。生ごみの堆肥化、45種類の分別など、地域ぐるみの地道な取り組みによって、２０１６年には約81％の

4L ゼロ・ウェイストの基本

Local——地域主導
Low Cost——低コスト
Low Impact——低環境負荷
Low Tech——最新技術に頼らない

私たち消費者の課題
ゼロ・ウェイストを実践しよう

一般消費財を製造・販売する企業の課題
使い捨てプラスチック容器包装の大幅な削減
プラスチックから他素材への転換

プラスチックの製造企業の課題
安全で生分解を前提とした、素材開発が必須

社会全体の課題だ!

自治体だけでは無理

その理由はリサイクルできないプラスチックごみの存在

危険な化学物質の含まれるプラごみ

汚れて分別できないプラごみ

ゼロ・ウェイストをすでに始めた自治体

焼却・埋め立てゼロを目指せ

1996年 オーストラリアのキャンベラ市が宣言

ニュージーランドの諸都市も

サンフランシスコ市は2020年までにゼロにすると宣言

ヨーロッパ、北米の諸都市も続々宣言

しかし、サンフランシスコ市は2020年実現は不可能と判断

日本でもゼロ・ウェイスト宣言

2003年 徳島県上勝町 国内初**「2020年までにごみゼロ」**を宣言（リサイクル率81％達成）
2008年 福岡県大木町
2009年 熊本県水俣市
神奈川県葉山町、東京都町田市、奈良県斑鳩町などもそれに続く

プラごみゼロ宣言も続々と
栃木県、神奈川県、大阪府、関西広域連合など

リサイクル率を達成しています。

アメリカのゼロ・ウェイスト都市サンフランシスコ市も、ごみの約80％を資源化などに転換し、埋め立てごみを減らすことに成功。これは全米一高い数字ですが、「2020年までにごみゼロ達成」という目標は、修正を迫られています。あらゆるごみが資源化できるわけではないので、完全にゼロにするのは難しく、自治体だけでなく、製造業者も含めた社会全体の取り組みが必要だと指摘されています。

このように、自治体の政策として広まったゼロ・ウェイストですが、個人レベルの実践として注目されるようになったのは、一人の女性が綴《つづ》ったブログ「ゼロ・ウェイスト・ホーム」がきっかけでした。サンフランシスコ郊外に住むベア・ジョンソンが、一家四人のごみを年間わずか1リットルにまで減らした実践例を紹介。これが2013年に書籍化され、各国で翻訳されると、欧米でゼロ・ウェイスト生活への関心が高まります。ごみの中で最も厄介《やっかい》なプラスチックを使わない生活を実践する人も増えてきました。こうした個人レベルの具体的な取り組み例は、p72〜73で紹介します。

廃材の価値を高めるアップサイクル
プラごみも加工すれば蘇る

プレシャス・プラスチック

プラスチックごみを誰でも再生できるプロジェクトを推進している

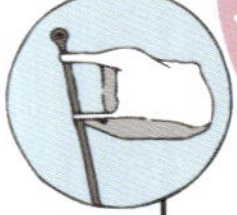

2013年に、オランダのデザイン学生だったデイブ・ハッケンスが卒業制作で始めたプロジェクト。誰でも簡単に製作できるプラスチックリサイクル機器を自作。そのデータをオープンソースで公開した

貧しい国でも手に入る材料で無理なく製造できる機械設備

設計図も公開され、様々な人々が新しいアイデアを加えている

世界に共感の輪が広がり、プロジェクトは拡大している

https://preciousplastic.com/

ファッション業界も、海を救うために動き始めた

アディダス（ドイツ）

海岸投棄のプラスチックで製品開発
衣類、シューズ、アクセサリーを製品化。また2024年までに全店舗で新品のプラスチック製品を全廃する

プラダ（イタリア）

海洋ごみの再生素材エコニールを採用
アクアフィル社（イタリア）が漁網などを再生して開発した「エコニール」を用い、新コレクションを発表

ガールフレンド・コレクティブ（アメリカ）

「エコニール」で着圧レギンスを開発・発売

アラクス（アメリカ）

同じく「エコニール」を使用した水着の商品開発を行う

フライターグ（スイス）　**グローブホープ**（フィンランド）

アップサイクル先駆の2ブランド
トラックの荷台のビニール製の幌を再利用して、デザインクオリティの高いバッグを制作。世界的なブランドに成長した

様々な廃棄物をリサイクルし、質の高いデザイン商品を展開し人気を得る

ごみから生まれるファッション

従来のリサイクルとは違う発想で、ごみを蘇《よみがえ》らせようとする試みのひとつに、「アップサイクル」と呼ばれるものがあります。

プラ製品は再生されて建築資材などに使われることが多いのですが、このように、リサイクルされたものが、もとの製品より価値や価格が下がることをダウンサイクルといいます。それに対しアップサイクルは、不要になったものを、よりよいものにつくり変え、付加価値を高めることです。使い終わったものを、ごみにしないことで、ゼロ・ウェイストに近づく手段のひとつとしても注目されています。

その成功例として知られるのが、スイスのフライターグ、フィンランドのグローブホープといったファッションブランドです。古布や古着ばかりでなく、車のシートベル

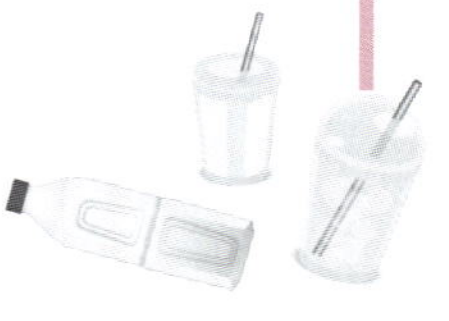

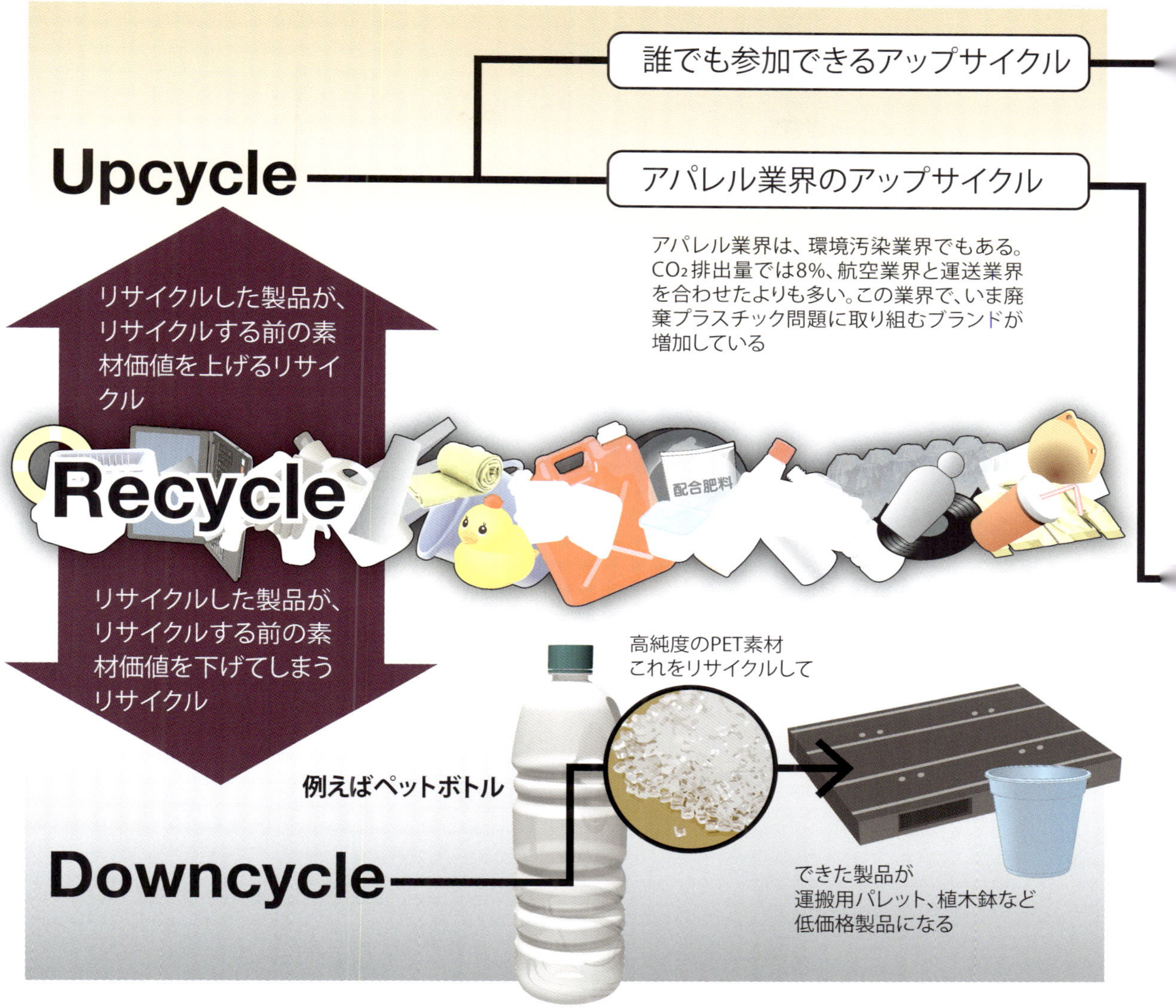
誰でも参加できるアップサイクル
Upcycle
アパレル業界のアップサイクル
アパレル業界は、環境汚染業界でもある。CO_2排出量では8%、航空業界と運送業界を合わせたよりも多い。この業界で、いま廃棄プラスチック問題に取り組むブランドが増加している
リサイクルした製品が、リサイクルする前の素材価値を上げるリサイクル
Recycle
配合肥料
リサイクルした製品が、リサイクルする前の素材価値を下げてしまうリサイクル
高純度のPET素材
これをリサイクルして
例えばペットボトル
Downcycle
できた製品が
運搬用パレット、植木鉢など
低価格製品になる

トや工事用ビニールシートなど、プラスチックを含むあらゆる廃材から、デザイン性の高いバッグや雑貨を生み出しています。

　また、ドイツに本社を置くスポーツ用品メーカー、アディダスやイタリアの老舗ブランド、プラダなどは、海で回収したプラごみをアップサイクルした製品開発に取り組み、話題を集めています。

簡単マシンでプラリサイクル

　一方、個人発の取り組みとして注目に値するのが、オランダ発の「プレシャス・プラスチック」プロジェクトです。これはプラごみを自分で集め、手づくりマシンで加工し、カラフルなタイルや小物にアップサイクルする、というもの。大がかりな設備がなければできないと思われていたマテリアルリサイクルが、省スペースで、低コストで、誰でも簡単にできるため、途上国のごみ処理場に設置することも可能です。

　考案者のデイブ・ハッケンスは、マシンのつくり方やプラごみの加工法など、ノウハウのすべてをウェブ上で無料公開（オープンソース）し、すでに日本を含む世界各地で、プロジェクトの輪が広がっています。

part 5

プラスチックを減らす、使わない 持続できる脱プラ生活

1 身の回りのプラスチックをチェックする

プラスチックチェック表

	いまあるプラスチック	替わりになるものは
キッチン		
バス・トイレ		
リビング		
寝室		
勉強部屋		
庭		

2 暮らしにプラスチックを入れない

プラスチックトレイにさよなら
ステンレス容器を使ったり
麻の網を使ったり
ペットボトルにさよなら

ジュースは生絞り
買い物はエコバッグ

できることから始めてみる

プラスチックを使わない生活に関心があっても、何から始めたらいいのかわからない人も多いでしょう。ここでは実践者の例を参考に、ポイントをまとめてみました。

①身の回りのプラスチックをチェックする

まず、どれだけのプラスチック製品に囲まれているのかを把握。本当になくてはならないものなのか、別の素材に替えることはできないのか、ひとつずつ考えてみる。

②暮らしにプラスチックを入れない

これ以上増やさないために、買わない、もらわない。例えば、外出時にはマイバッグやマイボトルを持ち歩く。レジ袋や過剰包装は断る。宣伝用のボールペンなどをもらわない。水道水は備長炭で浄水して飲料に。可能なら量り売りの店を利用する。

③いまあるプラスチックを減らしていく

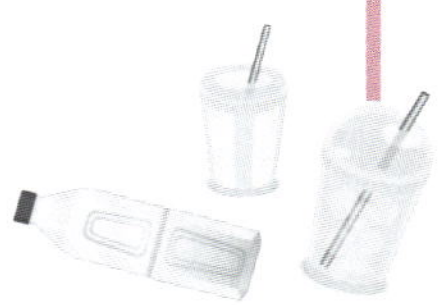

参考：『プラスチック・フリー生活』（シャンタル・プラモンドン、ジェイ・シンハ著、NHK 出版刊）
『ゼロ・ウェイスト・ホーム』（ベア・ジョンソン著、アノニマ・スタジオ刊）

3 いまあるプラスチックを減らしていく

電子レンジにラップは思い込み、使わなくてもいい
冷蔵庫にもラップはやめる
プラ容器もやめる
ガラス保存瓶
ステンレス保存ケースへ
蜜蝋ラップも選択肢
ブラシも天然素材に
プラケースも木製に
アクリル毛布も天然素材に
ポリエステルのカーペットも天然素材に

4 買う前に素材・成分を確認

特に注意したいのは

①食品に直接触れる容器や調理器具

ポリエチレン、ポリプロピレンは比較的安全

毒性が懸念されるもの→p44

②乳幼児が使うもの

おもちゃ
天然素材のものを

ほ乳瓶
ポリカーボネートはNG

③マイクロプラスチック発生源

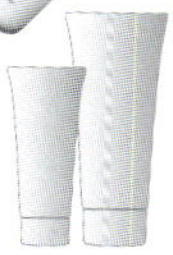

化粧品・歯磨き粉などのスクラブ剤→p40

5 つくる暮らしを取り戻す

ヨーグルトも
洗剤も
パンは焼く
野菜は菜園で
沢山の収穫はジャムなどに

買い替えどきになったら天然素材のものに順次替えていく。例えば食品保存容器はステンレスやガラス製、ブラシは天然毛、ストローは紙製や竹製、生理用ナプキンは繰り返し洗って使える布製などに。

④商品を買う前に素材や成分を確認する

マイクロプラスチックのもとになる合成繊維は、なるべく避ける。化粧品や歯磨き粉などは、マイクロビーズが使われていないか確認。プラ製品を買う場合は、添加剤の有無が書かれていれば、ないものを選ぶ。特に食品にじかに触れるものは注意する。

⑤自分でつくる暮らしを取り戻す

プラ容器包装を少しでも減らすために、家庭菜園やプランターで野菜を育てる。保存食をつくって瓶詰めにする（そのまま冷凍保存も可）。石鹸《せっけん》や洗剤も手づくりする。

以上はほんの一例ですが、まずは、できることから始めてみるとよいでしょう。実践者が口を揃《そろ》えて言うのは、「無理をしないで持続できることをする」ということ。プラスチックをまったく使わないで暮らすことは不可能ですが、少しでも減らそうと意識し、暮らしを見直すことが大切なのではないでしょうか。

脱プラスチック生活への道⑥

欧米を中心に増える量り売りショップ 容器持参でプラ包装ゼロに

ごみを出さない暮らしを後押し

p69で紹介した『ゼロ・ウェイスト・ホーム』の著者ベア・ジョンソンは、プラごみを減らす方法のひとつとして、量り売りの店を利用することと、ガラス瓶などの容器を店に持参して、商品を入れてもらうことを提言しています。これに応えるようにして、ヨーロッパや北米では、バルク（量り売り）やプラ容器包装不使用をコンセプトにした、新感覚のゼロ・ウェイスト・ショップが次々誕生しています。

その草分けであるイギリス・ロンドンの食料品店アンパッケージドは、2007年にオープン。野菜やシリアル、小麦粉、調味料など、商品はすべて量り売りで、買い物客は持参した容器や袋に必要な量だけ入れて持ち帰るシステムです。

同様の食料品店は、イタリア、ドイツ、カ

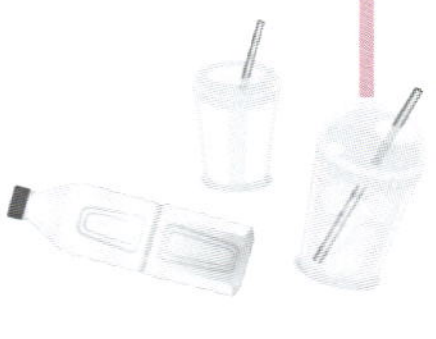

2018年　オランダ
Ekoplaza Lab売り場設置
オーガニックスーパーが完全なプラスチックフリー売り場を設置

2016年　フランス
Au Poids Chiche開店
量り売り専門の移動販売店がスタートした。商品知識の豊富なスタッフが特徴

2009年　イタリア
NEGOZIO LEGGERO開店
無包装でリターナブルな商品販売の専門店。その商品は1500アイテムにのぼる

昔からお店は量り売りだった

著者はベア・ジョンソン。この著書で一躍注目を浴びる

2000年代初頭に始まったゼロ・ウェイスト運動を、世界に広めた『ゼロ・ウェイスト・ホーム』（2013年発刊）

日本にもこんなスーパーマーケットができてほしい

内装は天然材料で

2017年　フランス
Carrefour容器持参OK
世界的な大手スーパーが、容器持参コーナーを設置

2014年　ドイツ
Original Unverpackt開店
クラウドファンディングで資金調達した、プラスチックフリーのスーパーマーケット

2007年　イギリス
UNPACKAGED開店
商品包装の一切ない、バルク（量り売り）専門店の先駆的な存在。バルク店舗システムを開発。出店希望者へのレンタル、事業指導、広報までをサービスしている

1982年　カナダ
Bulk Barn開店
カナダ最大の量り売りスーパー。現在カナダ全土で275店舗を展開している

ナダ、アメリカなどにも登場しています。フランスに拠点を置き、世界各国に店舗をもつ大手スーパー、カルフールも、2017年から容器持参方式を導入しています。

もともと欧米では、野菜や果物を量り売りするスーパーやマーケットがいまでも多く、量り売り自体は珍しいことではありませんが、プラごみ問題に関心を寄せる人が増えたことで、一層注目が集まっています。

また、量り売り以外のプラ包装追放策として、オランダのスーパー、エコプラザは、世界初の完全プラスチックフリーの食品売り場を開設。1370種類のオーガニック食品すべての包装に、ガラス瓶もしくは生分解性の素材を使用しています。

このようなゼロ・ウェイスト、プラスチックフリー、あるいはパッケージフリーをコンセプトに掲げたショップ、カフェ、レストランなどが、欧米ではここ10年の間に急速に増え、ごみを出さないライフスタイルを後押ししています。日本でも、容器を持参できる量り売りショップが少しずつ増えています。こうした店を利用する人が増えれば、社会全体が使い捨てプラ包装を考え直すきっかけになるかもしれません。

part 5

脱プラスチック生活への道⑦

プラスチックがなかった時代 ひとつ前の暮らしを見直す

昭和30年代に見つかるヒント

プラスチックを使わずに暮らすためのヒントは、プラスチックが普及する以前の暮らしの中にあります。プラスチックがなくても暮らせたのは、昭和30年代（1955〜64年）頃までの時代。当時の暮らしを覚えている人や、映画や漫画で見たことのある人も少なくないでしょう。

買い物に行くときは、竹などで編んだ買い物かごが必需品でした。いまでいうマイバッグです。野菜はそのままか、新聞紙にくるんでもらってかごに入れます。魚や肉には木の皮でつくった経木《きょうぎ》、揚げ物には表面にロウを塗ったロウ引き袋も使われました。味噌や醤油《しょうゆ》は量り売りで、持参した丼ぶりや瓶に入れてもらいます。瓶は風呂敷に包むと運びやすくなりました。

ラップがなかった時代、料理にはふきんやアルミ箔をかぶせ、金網を張った蠅帳《はいちょう》と呼ばれる食品棚に入れたりしていました。そもそも食材は必要なだけ買い、調理したその日のうちに食べるのが普通でした。

瓶入りのお酒やジュース、牛乳などは、家まで配達してもらい、空き瓶は回収してもらいます。リサイクルという言葉がなかった時代のほうが、リサイクルやリユースは当たり前でした。

ガラス瓶がプラスチック・ボトルに、金属のバケツがポリバケツに、紙袋がポリ袋に変わっていったように、プラスチックはもともと天然素材の代替物として生まれたものです。そうであれば、「プラスチックに代わるもの」を探すのは、さほど難しいことではありません。また、地元の商店の顔なじみになれば、プラ包装の代わりに、持参した容器に商品を入れてもらうこともできるでしょう。私たちが暮らし方を少し変えれば、店や社会も少しずつ変わるのです。

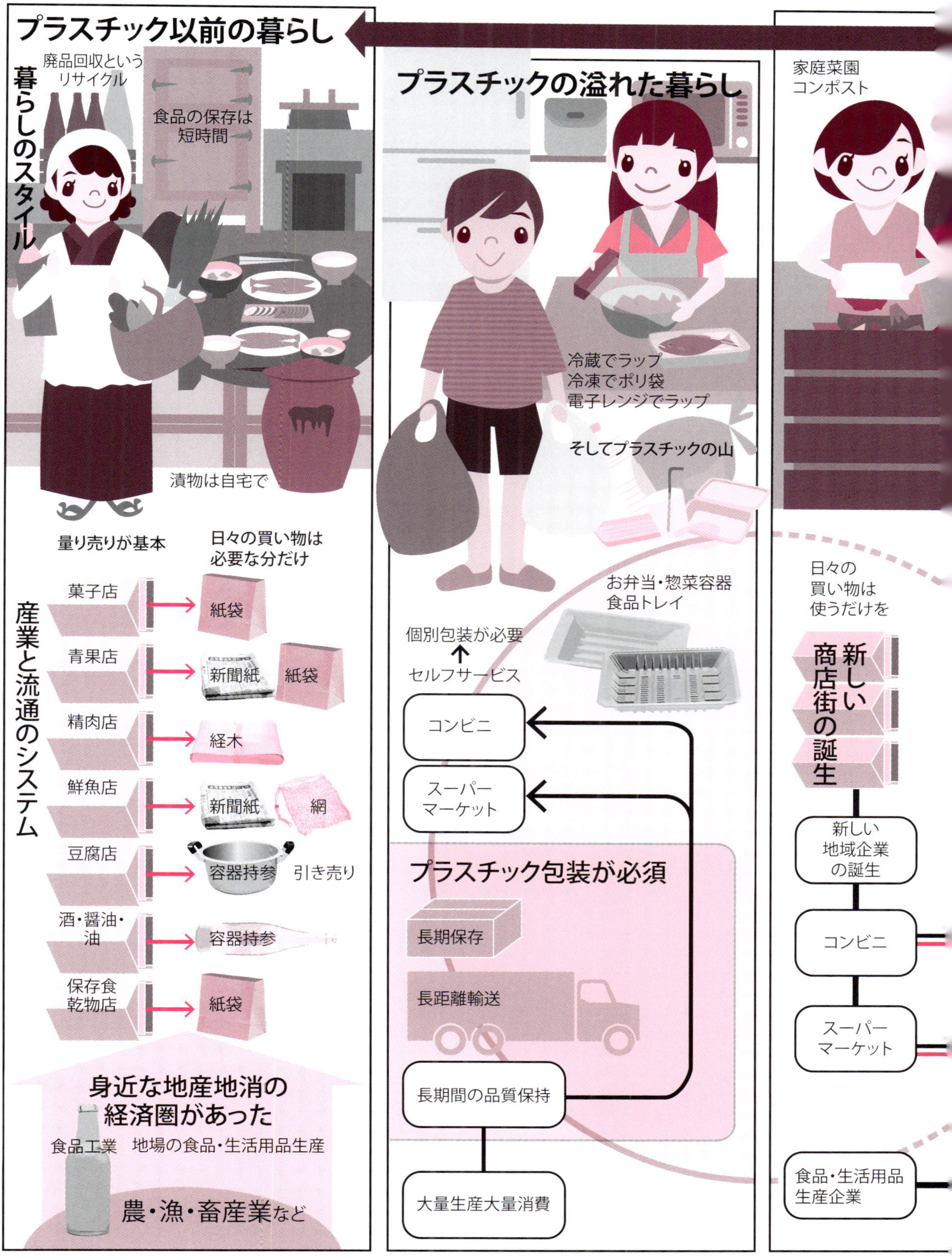
プラスチック以前の暮らし
暮らしのスタイル
廃品回収というリサイクル
食品の保存は短時間
漬物は自宅で
量り売りが基本
日々の買い物は必要な分だけ
産業と流通のシステム
菓子店
紙袋
青果店
新聞紙
紙袋
精肉店
経木
鮮魚店
新聞紙
網
豆腐店
容器持参
引き売り
酒・醤油・油
容器持参
保存食乾物店
紙袋
身近な地産地消の経済圏があった
食品工業
地場の食品・生活用品生産
農・漁・畜産業など
プラスチックの溢れた暮らし
冷蔵でラップ
冷凍でポリ袋
電子レンジでラップ
そしてプラスチックの山
お弁当・惣菜容器
食品トレイ
個別包装が必要
セルフサービス
コンビニ
スーパーマーケット
プラスチック包装が必須
長期保存
長距離輸送
長期間の品質保持
大量生産大量消費
家庭菜園
コンポスト
日々の買い物は使うだけを
新しい商店街の誕生
新しい地域企業の誕生
コンビニ
スーパーマーケット
食品・生活用品生産企業

part 6

プラスチックの歩みと社会の変化①

天然素材の代替物として生み出され百年で世界を変えた驚異の素材

1869年 セルロイド誕生

アメリカ

ジョン・W・ハイアット

(1837〜1920)

印刷工から化学発明家に。セルロイドの発明で億万長者になる

象牙製のビリヤードの玉の代用品開発の過程で、偶然成形自由な半透明の固形樹脂セルロイドを開発した

セルロイド製の丸眼鏡が流行に。人気の喜劇役者ハロルド・ロイドも愛用し、ロイド眼鏡と呼ばれた

1907年 初の合成樹脂 ベークライト誕生

アメリカ

レオ・H・ベークランド

(1863~1944)

ベルギー人の化学技術者

アメリカに渡り写真の感光紙の研究で特許を取得。のちに合成樹脂の研究に没頭し、フェノールとホルムアルデヒドを合成した、フェノール樹脂を発明し、ベークライトと名付けた

初期のベークライト製造装置

ベークライト製の当時の電話機

1920年 シュタウディンガーが高分子説発表

ドイツ

ヘルマン・シュタウディンガー

(1881~1965)

ドイツの有機化学者。高分子化学の創始者

ゴムの有機化学的研究から、高分子・重合などの化学理論を展開したが、当時は異端扱いを受けた

ドイツ企業の躍進

1935年 ポリスチレン実用化

1937年 ポリウレタン実用化

ドイツ IG・ファルベン社

1926年 ポリ塩化ビニル開発

アメリカ

グッドリッチ社

のちにアメリカ最大のポリ塩化ビニル製造企業になる

大量生産を目的とする近代産業の勃興が天然素材の不足をもたらす

その代替品として合成樹脂開発が促進される

1935年 ナイロン66誕生

アメリカ

ウォレス・H・カロザース

(1896~1937)

デュポン社の研究者

シュタウディンガーの高分子の合成に挑戦し成功、絹に似た合成繊維ナイロンを開発

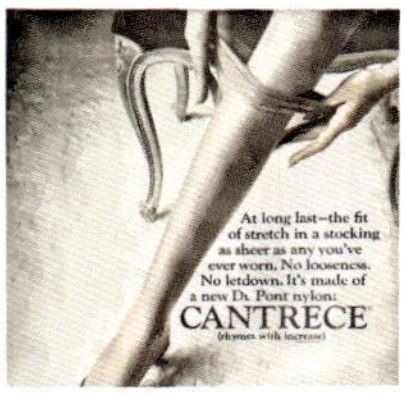

当時のデュポン社のナイロンストッキングの広告。ストッキングは大ブームになった

戦後の経済成長と共に発展

プラスチックは、どのようにして誕生し、成長を遂げてきたのでしょう。ここでは、その歩みを駆け足でたどってみます。

世界初のプラスチックについては諸説ありますが、最初に実用化に至ったのは、セルロイドでした。アメリカのビリヤードボール会社が、象牙に代わるボール素材を懸賞金つきで募集したのがきっかけとなり、1869年に発明家ハイアットが、セルロース（食物繊維）をもとにセルロイドを開発。このように、初期のプラスチックは、天然素材を使った半合成樹脂《ごうせいじゅし》でした。

1907年、アメリカの化学者ベークランドは、フェノールとホルムアルデヒドからベークライト（フェノール樹脂）を発明します。これが世界で初めてつくられた、人工の合成樹脂でした。

1939年~1945年 第二次世界大戦が軍用プラスチックの開発を促進する

歩兵の鉄兜内側のライナーにプラスチックが使用された

燃料用のポリタンクなど、装備品の多くがプラスチック製に

兵士の携帯バズーカ砲もプラスチック製になった

1939年 ポリエチレン生産開始

イギリス ICI社

イギリス戦闘機のレーダーアンテナに革新をもたらした

詳しくはp81で

1939年 桜田一郎らによってビニロンが合成された

桜田一郎
(1904~1986)
京都大学名誉教授。日本最初の合成繊維ビニロンを発明し、高分子化学の基礎をつくった。倉敷レイヨンが実用化

1941年 ナイロン6合成される

日本の研究者星野孝平がナイロン6の合成に成功し、東洋レーヨンに継承される

ポリエステルが開発される

イギリス ICI社

PET開発される

イギリス キャリコプリンターズ社

大戦終了によって、石油時代到来 戦中躍進した化学メーカーは、次のターゲットを家庭用品に定めた

1953年 高密度ポリエチレン開発

ドイツ

カール・チーグラー
(1898~1973)
触媒での低圧重合法を確立した

1953年
シュタウディンガーがノーベル賞を受賞した

1954年 触媒によるポリプロピレン開発

イタリア

ジュリオ・ナッタ
(1903~1979)
チーグラーの触媒を改良して、チーグラー・ナッタ触媒を開発

1963年
触媒を用いた重合法で、チーグラーとナッタがノーベル賞を受賞

1960年代から高機能性エンジニアリング・プラスチックの開発が進む

アメリカ

1974年
ポール・フローリーノーベル賞を受賞

ポール・フローリー
(1910~1985)
デュポン社の研究者からスタンフォード大学教授に。高分子化学の基礎研究で業績を残す

1977年 導電性プラスチック、ポリアセチレン誕生

日本

白川英樹(1936年~)
プラスチックは電気を通さない。この常識を破り電気を通すプラスチックを発明した。

2000年
導電性プラスチックの発明により、ノーベル賞を受賞

1950~60年代のアメリカの暮らしの中にカラフルなプラスチックが登場した。右はタッパーウェアを使ったピクニック

20世紀前半、化学者たちは不足しつつあった天然素材に代わる新素材を、競ってつくり出そうとします。開発に弾みをつけたのは、第二次世界大戦でした。丈夫で軽量で絶縁性に優れたプラスチックは、兵器や装備の素材として開発されます。それを請け負ったのは、各国の巨大化学産業体や大手化学メーカーでした。

戦後、これらの企業はプラスチックの使い道を失い、家庭用品に新たな市場を求めます。1950年代以降、石油産業の発展と共に用途を広げ、1960年代以降は、工業用に強度や耐熱性などを高めたエンジニアリング・プラスチックの開発も進みました。さらに、導電性プラスチックが発見されると、様々な電子部品に用いられ、今日のIT産業の基礎が築かれます。様々な機能をもたせることができるプラスチックは、医療分野でも優れた特性を発揮し、人工臓器を完成させるまでになりました。

そしていま、暮らしの中には使い捨てのプラスチック容器包装が溢《あふ》れています。プラスチックが、短期間でこれほどまでに急成長を遂げたのはなぜなのか、次のページから詳しく見ていきましょう。

part 6

プラスチックの歩みと社会の変化②

プラスチックを進化させたのは第二次世界大戦だった

ドイツ帝国を支えた化学企業
IG・ファルベンインダストリー
1900年代初頭に、ドイツを代表する化学メーカー6社を統合して作られた、巨大化学企業。台頭するナチスと接近し、その資金で様々な最新技術開発を行った。その一分野に高分子ポリマー開発があった
IG
ポリスチレン開発に成功
ポリウレタン開発に成功
ドイツの爆撃機は連日イギリスを攻撃した

日独を翻弄した極秘素材

プラスチックの開発を一気に進めたのは、二度にわたる世界大戦でした。近代兵器を大量投入する総力戦により、鉄、銅、アルミなどの金属が不足し、それに代わる人工素材が求められるようになったのです。

第一次世界大戦（1914〜1918年）当時、化学分野で世界をリードしていたのは、ドイツでした。1925年にドイツで化学産業体、IG《イーゲー》・ファルベンが誕生すると、危機感を覚えたイギリスの化学業界は、翌年、インペリアルケミカル工業（ICI）社を設立。1933年、実験中の偶然から、ポリエチレンの生成に成功します。

ICI社のポリエチレン工場が稼働したのは、1939年9月1日。奇《く》しくもその日、ドイツ軍がポーランドに侵攻します。イギリスはフランスと共にドイツに宣戦布告。

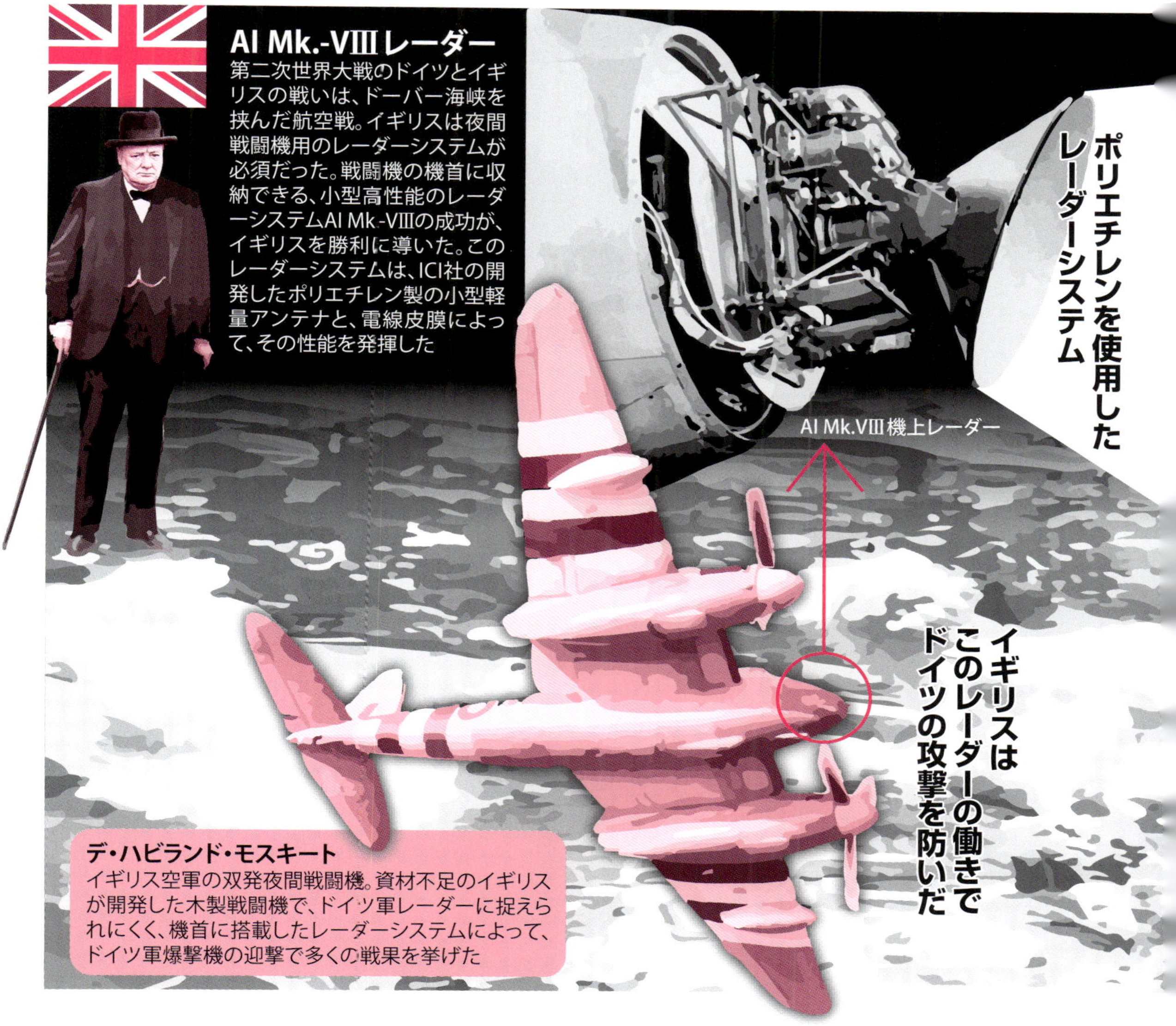
ポリエチレンを使用したレーダーシステム
AI Mk.Ⅷ機上レーダー
イギリスはこのレーダーの働きでドイツの攻撃を防いだ

AI Mk.-Ⅷレーダー
第二次世界大戦のドイツとイギリスの戦いは、ドーバー海峡を挟んだ航空戦。イギリスは夜間戦闘機用のレーダーシステムが必須だった。戦闘機の機首に収納できる、小型高性能のレーダーシステムAI Mk.-Ⅷの成功が、イギリスを勝利に導いた。このレーダーシステムは、ICI社の開発したポリエチレン製の小型軽量アンテナと、電線皮膜によって、その性能を発揮した

デ・ハビランド・モスキート
イギリス空軍の双発夜間戦闘機。資材不足のイギリスが開発した木製戦闘機で、ドイツ軍レーダーに捉えられにくく、機首に搭載したレーダーシステムによって、ドイツ軍爆撃機の迎撃で多くの戦果を挙げた

こうして第二次世界大戦が始まりました。

当時、両陣営は、レーダーの開発にしのぎを削っていました。ポリエチレンは軽量であるうえ、高周波絶縁材として優れていたため、イギリス軍はこれをレーダーに使用して夜間戦闘機に搭載。ドイツ空軍の夜間爆撃を迎撃することに成功し、大西洋の戦いではドイツ最強の潜水艦Uボートの探知に貢献し、戦局を優位に導きました。

この技術はアメリカにも供与され、海軍の依頼を受けたデュポン社は、レーダー用のポリエチレンを生産。最新レーダーを搭載したB29爆撃機が、日本を壊滅《かいめつ》状態に追い込むことになりました。

このほか、デュポン社が戦前に開発したナイロンは、パラシュートやB29のタイヤの素材に。アメリカの長距離爆撃機の補助燃料タンクには、ポリエステルをガラス繊維で強化した複合素材が使われました。また、ドイツ軍が海底に敷設した磁気機雷を欺《あざむ》くため、ポリ塩化ビニルで覆った電気ケーブルも開発されました。

莫大な資金が投じられる戦争は、プラスチック技術を発展させ、1945年、プラスチックを制した連合軍が勝利したのです。

part 6

プラスチックの歩みと社会の変化③

プラスチック産業を発展させた高分子化学の先駆者たち

巨大分子の存在が明らかに

初期のプラスチックは、偶然に発見されたものが多く、化学的な構造はよくわかっていませんでした。

化学分野の画期的な発見は、ドイツで相次ぎます。１８５０年代、ドイツの化学者ケクレは、炭素の原子価（手の数）は4であり、連なって鎖状になると唱えました。

この考えをもとに、１９２０年に「高分子説」を発表したのが、ドイツの化学者シュタウディンガーです。彼は、天然ゴムやセルロースなどの炭素化合物は、多数の分子が化学結合した巨大な分子だと唱えます。しかし当時は、小さな分子が物理的な力で寄り集まったものだとする説が優勢で、高分子説は学界で相手にもされませんでした。

そんななかで、シュタウディンガーの説を信じた化学者がいました。アメリカのデュポン社の化学者カロザースです。彼は分子をつなぎ合わせる研究に没頭し、ナイロンの生成に成功します。こうした事例によって、ようやく高分子説の正しさが認められたのは、１９３６年のこと。これが高分子化学の始まりでした。

2大プラスチックを生んだ触媒

シュタウディンガーは、１９５３年にノーベル化学賞を受賞しますが、同じ年、やはりドイツの化学者チーグラーが、高分子をつくりだす新しい触媒《しょくばい》を発見します。

20世紀前半、化学者たちは、高圧をかけると物質が化学反応を起こすことに着目していました。イギリスのＩＣＩ社が開発したポリエチレン（ｐ80参照）も、超高圧下で生み出されたものでした。しかし、そのためには高圧に耐える施設と十分な資金が必要です。ところが、チーグラーの触媒を使うと、低圧でもエチレンを重合《じゅうごう》してポリエチレンをつくることができたのです。

今日よく見るポリエチレン袋には、透明でツルツルしたものと半透明でカサカサ音がするものがありますが、前者が高圧法による低密度ポリエチレン、後者がチーグラーの低圧法による高密度ポリエチレンです。

１９５４年、イタリアの化学者ナッタは、チーグラーの触媒を改良し、ポリプロピレンの合成に成功。これらの発見によって、プラスチックの合成技術に弾みがつき、チーグラーとナッタは、１９６３年に共にノーベル化学賞を受賞しました。

ナッタはほかにも多くの業績を残し、アセチレンの重合にも成功しています。これがのちに、日本の白川英樹《しらかわひでき》博士が、電気を通す画期的なプラスチック、ポリアセチレンを開発する糸口となり、２０００年のノーベル化学賞受賞に結びつくのです。

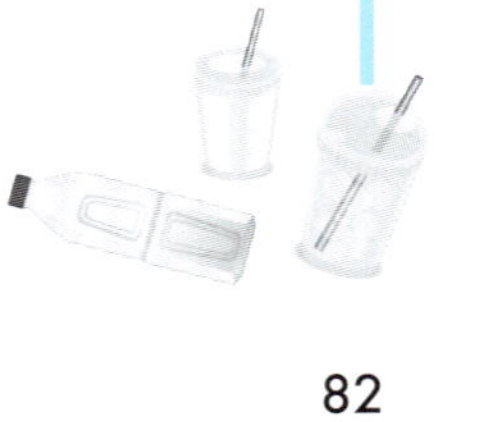

高分子化学の扉を開き開花させた人々の系譜

自然素材

天然ゴム → 合成ゴム
セルロース → セルロイド
ホルムアルデヒド＋フェノール → ベークライト
これは偶然の産物 その構造は謎だった

石炭・石油の時代

1920年代　2つの説が対立していた

シュタウディンガー
高分子説

これ自体が巨大な分子
化合物

その他の当時の科学者
コロイド説

分子 分子 分子 分子 分子
コロイド

科学者
こちらが優勢だった

危険なポリエチレンの製造
イギリスのICI社の場合

高熱
高圧

しばしば爆発した

K・チーグラー

カイザー・ウィルヘルム石炭研究所所長。のちにナッタに引き抜かれイタリアで研究活動を続ける

独自の触媒による低圧でのエチレンの重合に成功する

W・H・カロザース

ハーバード大の講師。シュタウディンガーの高分子説の実証に努力。デュポンに迎えられ、研究所長に

P・デュポン
火薬会社の社長。アメリカの有機化学産業の先駆者

合成繊維の開発

この糸なんでしょう?
それだ!!
ポリアミドからナイロン開発に成功する

先駆者たちにノーベル賞が贈られる

遅ればせながら1953年にシュタウディンガーにノーベル化学賞

シュタウディンガー　チーグラー　ナッタ

1963年にチーグラーとナッタはノーベル化学賞をアベック受賞。しかし当時の2人には特許権をめぐる不仲説があった

ジュリオ・ナッタ

ミラノ工科大学教授。チーグラーの基礎研究を活用して新たな高分子の生成に成功する

チーグラーの触媒を改良して、ポリプロピレンの合成に成功する

チーグラー・ナッタ触媒と呼ばれる

アセチレンの重合にも成功

ナイロンストッキング大流行

しかし、カロザースはこの大成功を知ることなく、謎の自殺をする

news about NYLON
DU PONT

電子機器製造の世界に革命が

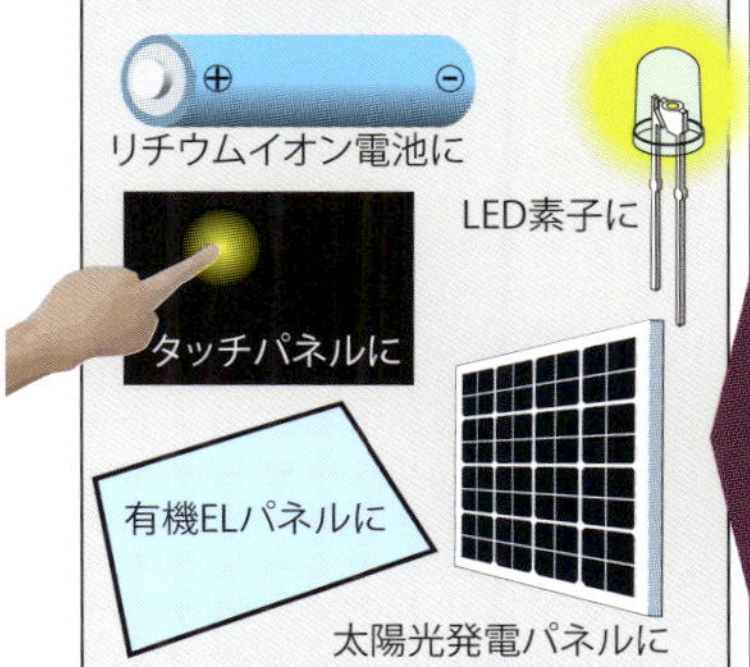

リチウムイオン電池に
LED素子に
タッチパネルに
有機ELパネルに
太陽光発電パネルに

金属に替わる、電気部品素材が登場した

世紀の発明
電気の通るプラスチックは日本人の手で

導電性ポリマーの誕生

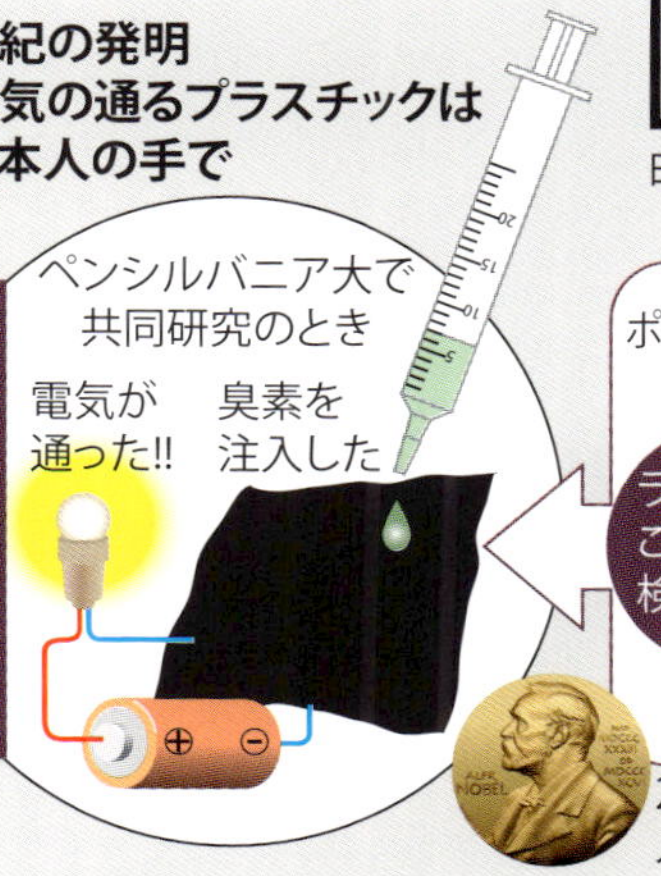

ペンシルバニア大で共同研究のとき
電気が通った!!
臭素を注入した

白川英樹

東京工業大学で研究。ペンシルバニア大学で共同研究。現在筑波大学名誉教授

ポリアセチレンの合成で研究生が失敗

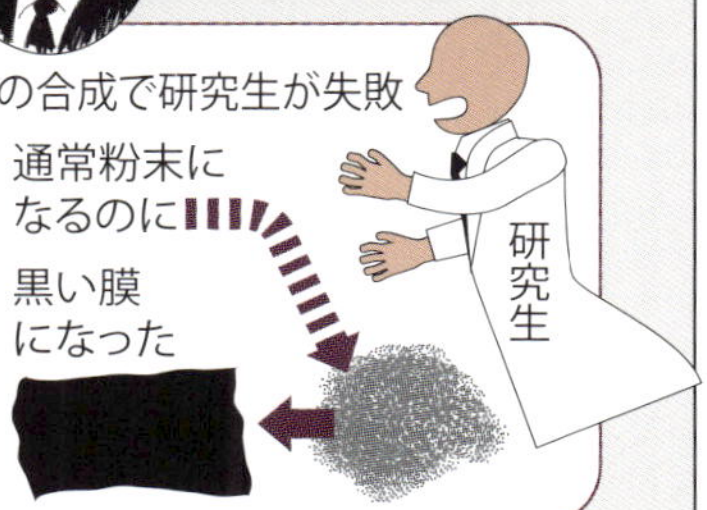

通常粉末になるのに
黒い膜になった

ラッキー これで色々検証できる

2000年
ノーベル化学賞を受賞

戦後、石油産業の発展と共に花開いた「夢の素材」の時代

プラスチックが新生活を提案

　戦争で培《つちか》われたプラスチック技術は、戦後、民用に転換され、新たな市場を開拓します。先導したのは戦勝国アメリカでした。大量に余った軍用ポリエチレンからつくられたフラフープ、軍事目標の模型から始まったプラモデルなど、最初に商品化されたプラスチック製品は、おもちゃでした。

　1950年代には、石油産業が急速に発展。それまで石炭を原料としていたプラスチックも、安い石油からつくられるようになります。石油産業の発展は、自動車の普及を促し、軽量化のためにプラスチックの部材が使われるようになりました。

　プラスチックは、キッチン用品として家庭にも入り込んでいきました。プラスチック製の食品保存容器が、大々的に売り出され、台所に革命を起こします。料理をこぼさずに持ち運べ、密封して保存できる容器の出現は、当時としては画期的でした。食品用のラップフィルムも、冷蔵庫の普及と共に広まります。

　娯楽産業を支えたのも、プラスチックでした。レコード盤は、天然樹脂《じゅし》のシェラックからポリ塩化ビニル製へ、映画フィルムは、セルロイドからアセテート、やがてポリエステル製へと進化していきます。

新素材がもたらしたデザイン革命

　衣服の世界には、ナイロン、ポリエステル、アクリルなど合成繊維が登場。しわになりにくい、乾きやすい、縮まない、といった特性は、洗濯機の普及ともあいまって、家事労働の軽減にも貢献しました。

　成形も着色も自在にできるプラスチックは、デザインの幅も広げます。1950～60年代には、流線形のデザインとカラフルな色づかいが流行。プラスチック成形一体型のデザイナーズ・チェアや丸みを帯びた家電製品などは、「アトミック・エイジ・デザイン」「ミッドセンチュリー・デザイン」と呼ばれ、デザイン史に一時代を築きました。

　プラスチックは建築資材としても、その性能を発揮します。1970年に大阪で開催された万国博覧会は、さながらプラスチック素材の一大展示場でした。鉄骨以外のほぼすべてを各種プラスチックで覆った化学工業館、柱を使わず、高強度ビニロンの帆布を空気で膨《ふく》らませた富士グループ・パビリオンなど、近未来的な建築群に来場者は目を見張りました。

　登場した当初、天然素材の代用品として、「安物」「偽物」のイメージが強かったプラスチックは、戦後の経済成長と共に、夢の素材としてもてはやされるようになります。プラスチックは確かに世界を変えたのです。

第二次世界大戦後 軍需石油・化学産業は 平和産業にシフトする

家庭のキッチンへ

台所用品にも、プラスチックが溢れた

子どもたちのおもちゃへ

道路に溢れてフラフープで遊ぶ子どもたち ▶

日本でもポリ塩化ビニル製の「ダッコちゃん」が登場。大ブームに

▼

◀60年代のモービル石油の広告。新しいモーターオイルが生活用品の棚に並べられている。そのまわりの商品パッケージも石油製。石油産業の隆盛を象徴するものだ

▲

プラスチックの色鮮やかさ、自由な形は商品パッケージとして人々の目をひいた

子どものおもちゃにも、プラスチックが

プラスチックが描いた「夢」の暮らし

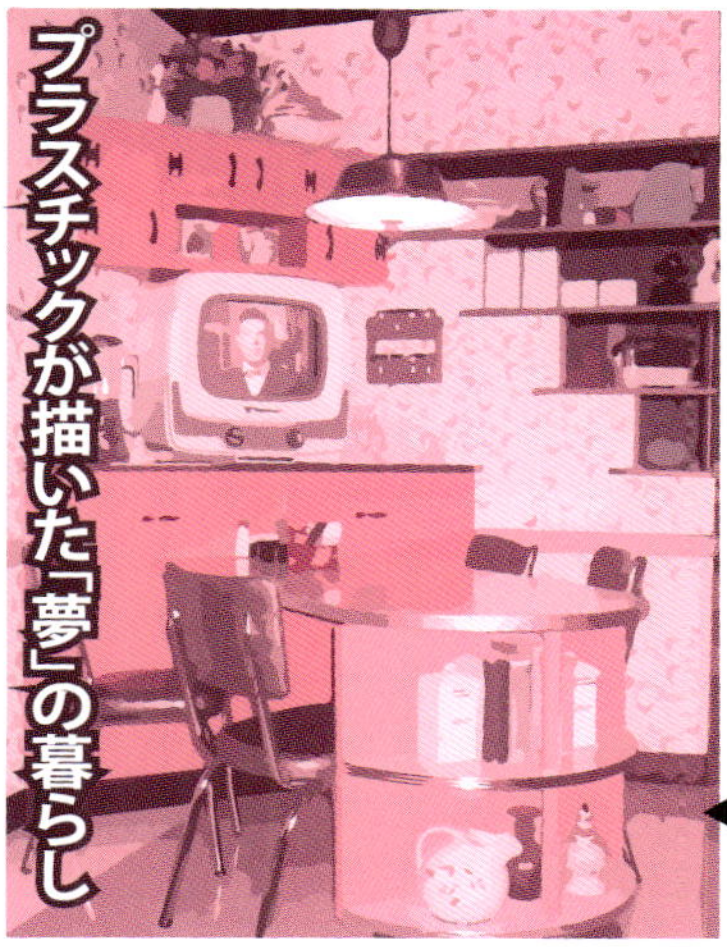

◀60年代の雑誌に紹介された、プラスチックに囲まれた「アトミック・エイジ・デザイン」

▲

プラスチック製の日用品が身の回りに溢れた

大阪万博が、日本のプラスチックエイジへの号砲だった

▲

大阪万博の富士グループのパビリオン。太陽工業が特殊加工の高強度ビニロンチューブでつくりあげた

part 6

プラスチックの歩みと社会の変化 ⑤

人々の命を救い、希望を与えた医療用プラスチック

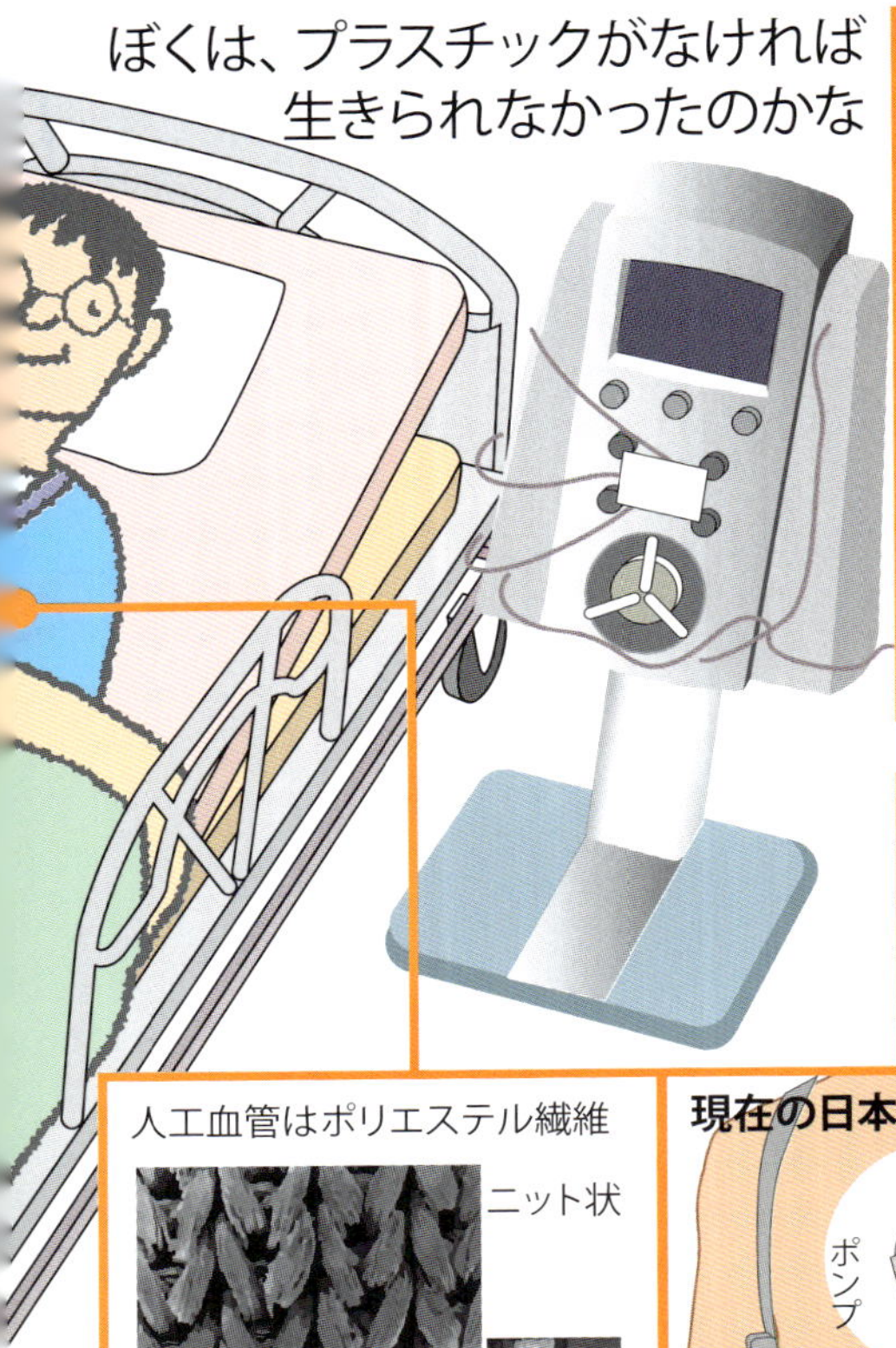

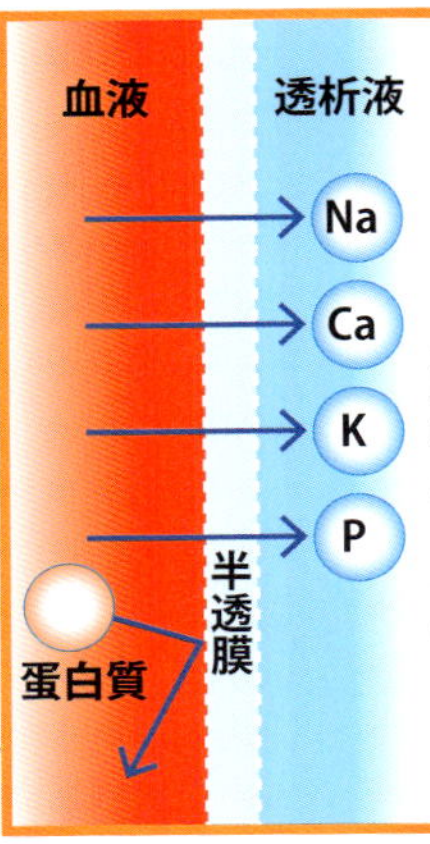

人工透析装置を開発した
ウィレム・J・コルフ
(1911~2009)

セロハンのチューブで半透膜を作り、世界で初めて人工腎臓装置を開発した

ポリウレタン製の人工心臓「アクツハート」が誕生
阿久津哲造
(1922~2007)

阿久津は、上記コルフ博士が所属する研究所で人工心臓を研究。素材探しから苦労する。ポリ塩化ビニル製では血液凝固が発生。試行錯誤の末ポリウレタンとシリコンゴムを結合させた新素材を開発し、空気駆動の人工心臓をつくりあげた

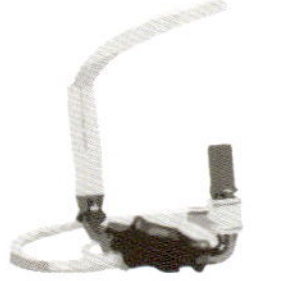

人工血管はポリエステル繊維

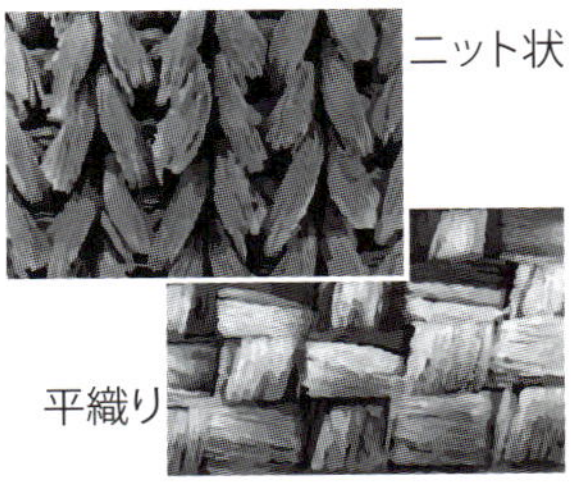

ポリエステル繊維によって編まれたチューブが人工血管の素材として使われている。血管の内側に血液の凝固を防ぐ仕組みが開発されている

現在の日本の人工心臓

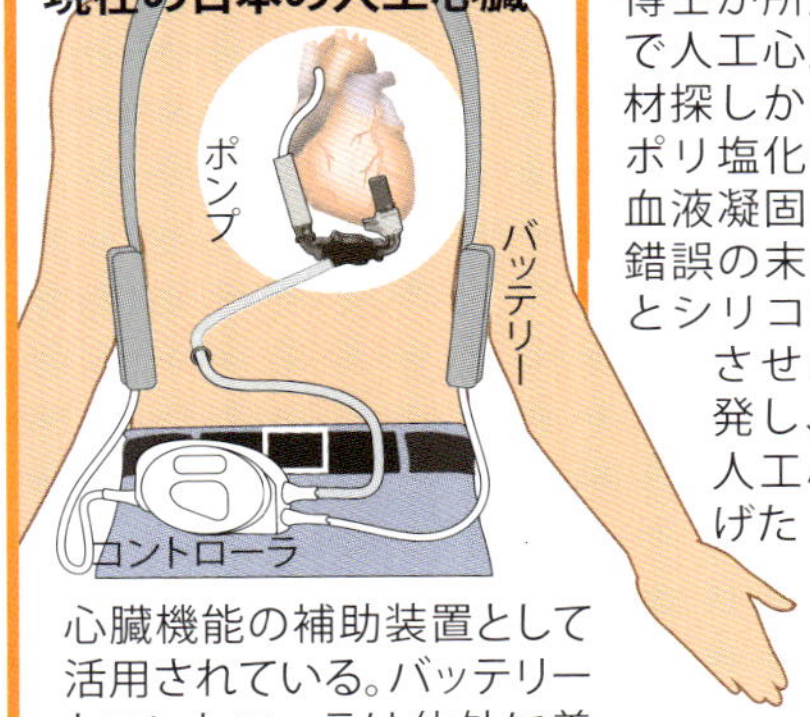

心臓機能の補助装置として活用されている。バッテリーとコントローラは体外に着装する

人体に馴染みやすい性質を獲得

プラスチック最大の功績は、医療分野への貢献だといって過言ではないでしょう。かつては金属やゴムなどが使われていた医療用具が、いまやほとんどがプラスチック製です。注射器や注射針、輸液バッグ、カテーテルなどは、感染防止のため、すべてプラスチックの使い捨て。それを可能にしたのは、工業用プラスチックが、大量生産によって低価格化したためでした。

さらにプラスチックは、天然素材が引き起こすアレルギーや、異物に触れると凝固《ぎょうこ》する血液の性質をも克服し、より人体に馴《な》染《じ》みやすい新素材が生み出されています。

1945年、オランダのコルフ博士は、セロハンを使った人工腎臓によって、世界で初めて腎不全《じんふぜん》の治療に成功。これが、現在も多くの腎臓病患者の命を支えている人

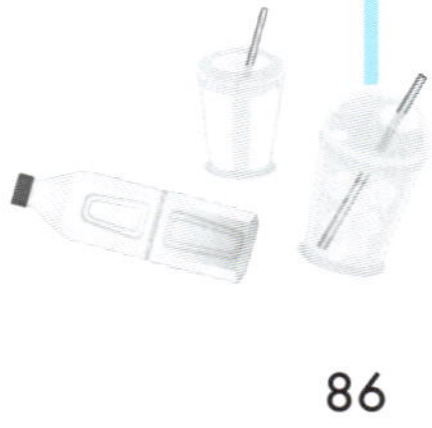

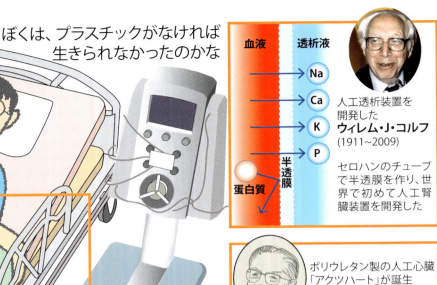

歯の治療の主役もプラスチック

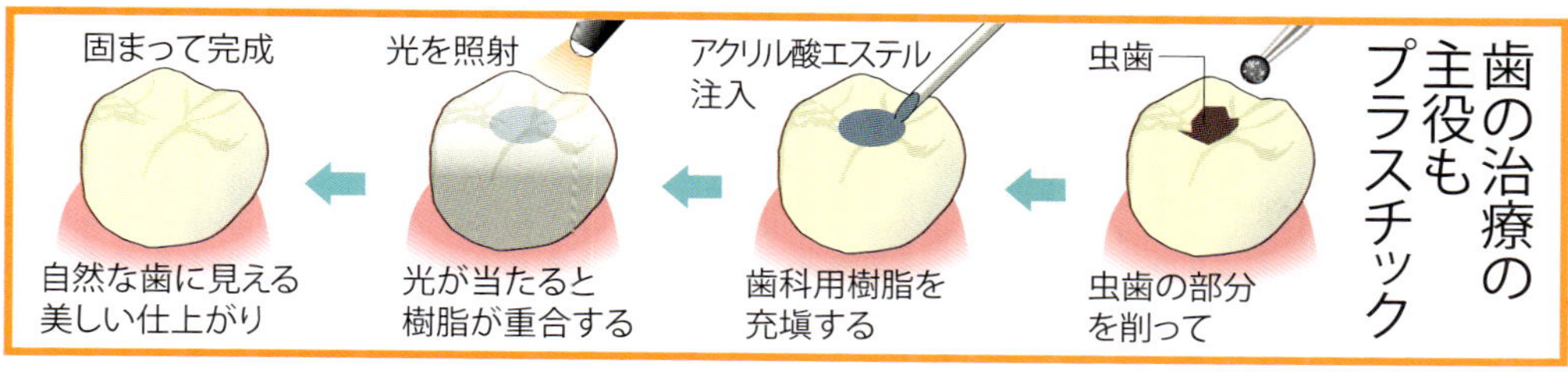

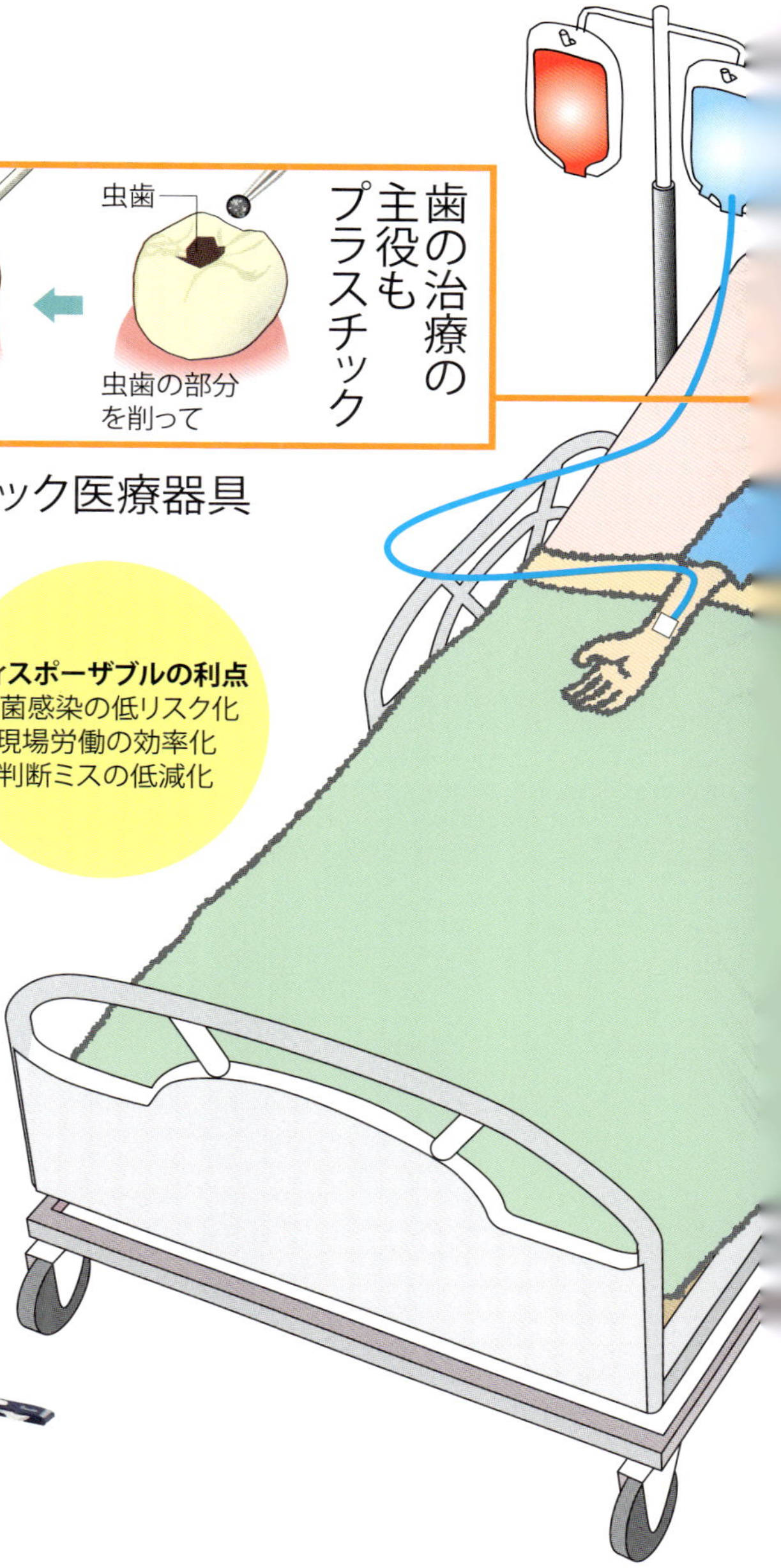

ディスポーザブル（使い捨て）のプラスチック医療器具

血液バッグ
輸血用のバッグは軟質塩化ビニル製

かつてはガラス瓶が使用されていた

輸液バッグ
点滴液などのバッグはポリエチレン、ポリプロピレン製

注射器具
ポリプロピレン製
環状ポリオレフィン製

ディスポーザブルの利点
細菌感染の低リスク化
現場労働の効率化
判断ミスの低減化

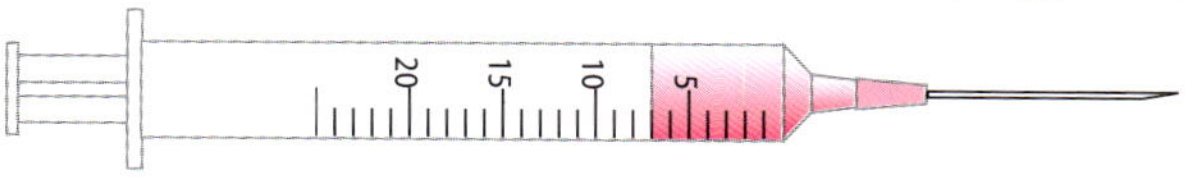

医療用プラスチックの条件は

安全であること
添加剤の溶出への安全基準に適合すること

抗血栓性素材であること
カテーテル、透析、人工血管の必須の条件

生体と親和的であること
再生医療の分野ではポリ乳酸などの、生分解性ポリマーの研究が進んでいる

縫合糸
ポリグリコール酸

体内に吸収される糸は高分子生分解性熱可塑プラスチック製。この糸は水分に触れると分解する性質をもつので、抜糸の必要がない

カテーテル
シリコーン樹脂製
ポリアミドエラストマー製
ポリウレタンエラストマー製

工透析《とうせき》治療の基礎となりました。

その後、アメリカで人工臓器の研究を進めていたコルフ博士のもとで、人工心臓の開発にあたったのが、日本人医師、阿久津《あくつ》哲造《てつぞう》です。1958年、彼は世界初の人工心臓を開発し、動物実験に成功。このとき使われたポリ塩化ビニルは、まだ血液凝固の問題を抱えていました。阿久津は改良を重ね、ポリウレタンとシリコンゴムを結合させた新素材を採用。1981年、ついに人工心臓の人体への植込みに成功します。

医療用プラスチックの開発はめざましく、現在では手術後の縫合糸《ほうごう》として、体内に吸収されて抜糸の必要がない高分子生分解性プラスチックも使われています。

もっと身近な例を挙げれば、検査に使われるレントゲンのフィルム、虫歯の治療や入れ歯、インプラント、メガネのレンズやコンタクトレンズなど、プラスチックの恩恵はそこかしこに溢《あふ》れています。

かつては木製や金属製だった義足や義手も、強化プラスチックが使われるようになって格段に進化しました。スポーツ用に特化した高性能の義肢《ぎし》装具は、パラスポーツの発展にも貢献しています。

スーパーやコンビニの登場により容器包装プラスチックが氾濫

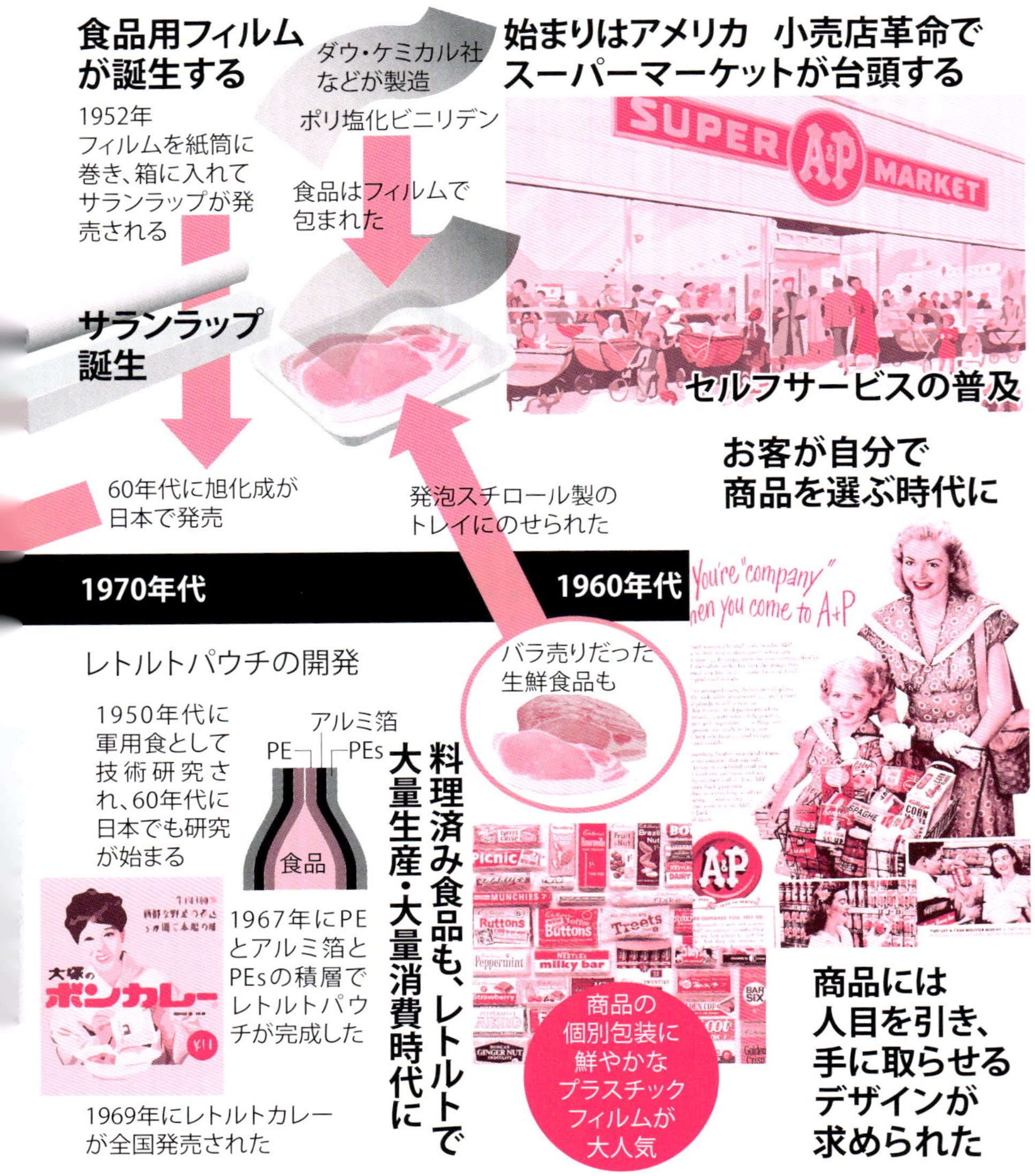
食品用フィルムが誕生する
1952年
フィルムを紙筒に巻き、箱に入れてサランラップが発売される
ダウ・ケミカル社などが製造
ポリ塩化ビニリデン
食品はフィルムで包まれた
サランラップ誕生
60年代に旭化成が日本で発売
始まりはアメリカ　小売店革命でスーパーマーケットが台頭する
SUPER A&P MARKET
セルフサービスの普及
お客が自分で商品を選ぶ時代に
発泡スチロール製のトレイにのせられた
1970年代
1960年代
You're "company" when you come to A&P
バラ売りだった生鮮食品も
レトルトパウチの開発
1950年代に軍用食として技術研究され、60年代に日本でも研究が始まる
アルミ箔
PE
PEs
食品
1967年にPEとアルミ箔とPEsの積層でレトルトパウチが完成した
大塚のボンカレー
1969年にレトルトカレーが全国発売された
料理済み食品も、レトルトで大量生産・大量消費時代に
商品の個別包装に鮮やかなプラスチックフィルムが大人気
商品には人目を引き、手に取らせるデザインが求められた

食生活を変えたプラスチック

第二次世界大戦後、アメリカでセルフサービス式のスーパーマーケットが普及し、日本でも1960年代の高度成長期に、スーパーが徐々に広まっていきました。

魚は鮮魚店、パンはパン屋、とあちこちの店を訪ねなくても、一カ所で買い物が済むスーパーの登場は、食品包装のあり方を変えました。大量に並んだ商品の中から、買い物客が自分で選べるよう、商品情報が印刷された包装が欠かせなくなります。

食品の包装には、食品を空気や湿気などから守り、品質を保つことも求められました。そこで開発されたのが、密封性に優れたプラスチック製フィルムです。次いで、魚や肉用の発泡トレイや透明トレイ、インスタント食品用のカップ、レトルト食品用のレトルトパウチなど、様々なプラスチッ

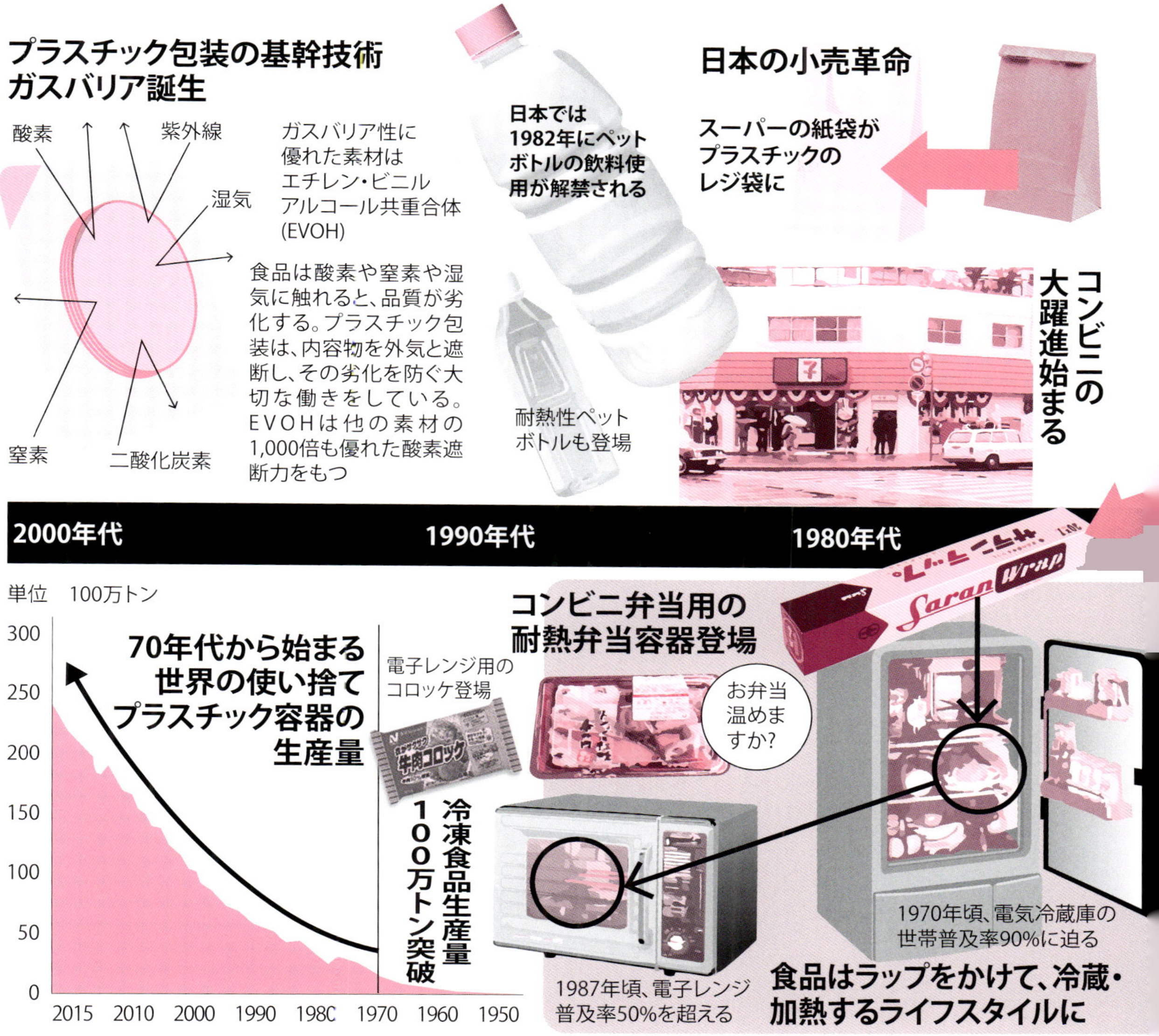

プラスチック包装の基幹技術
ガスバリア誕生
酸素
紫外線
湿気
窒素
二酸化炭素
ガスバリア性に優れた素材はエチレン・ビニルアルコール共重合体(EVOH)
食品は酸素や窒素や湿気に触れると、品質が劣化する。プラスチック包装は、内容物を外気と遮断し、その劣化を防ぐ大切な働きをしている。EVOHは他の素材の1,000倍も優れた酸素遮断力をもつ
日本では1982年にペットボトルの飲料使用が解禁される
耐熱性ペットボトルも登場
日本の小売革命
スーパーの紙袋がプラスチックのレジ袋に
コンビニの大躍進始まる
2000年代
1990年代
1980年代
Saran Wrap
単位　100万トン
300
250
200
150
100
50
0
2015 2010 2000 1990 1980 1970 1960 1950
70年代から始まる世界の使い捨てプラスチック容器の生産量
電子レンジ用のコロッケ登場
冷凍食品生産量100万トン突破
コンビニ弁当用の耐熱弁当容器登場
お弁当温めますか?
1970年頃、電気冷蔵庫の世帯普及率90%に迫る
1987年頃、電子レンジ普及率50%を超える
食品はラップをかけて、冷蔵・加熱するライフスタイルに

ク製の容器包装が登場しました。

1970年代になると、スーパーでは、紙袋に代わってプラスチック製のレジ袋が使われるようになります。ファストフード店が誕生し、プラスチック製の使い捨てカップやストロー、スプーンなどが身近なものになったのも、この時代です。

1980年代になると、飲料用にペットボトルが使用されるようになります。さらに、コンビニと電子レンジの普及によって、そのまま電子レンジで温められる耐熱弁当容器もお目見えしました。

家庭で料理をつくって食卓を囲む時代から、弁当や惣菜《そうざい》、ファストフードのテイクアウトを利用する時代へ。人々の食生活が大きく変化したのは、女性も働くようになって家事の合理化が進んだこと、核家族化や子どもの塾通いなどによって個食《こしょく》が増えたことなど様々な原因がありました。

プラスチックの容器包装は、そんな人々の暮らし方に添うようにして成長を遂げ、現在、日本だけで4000億円規模の市場を形成しています。しかし、使い捨ての便利さと引き換えに、私たちは大量のごみと向き合うことを余儀《よぎ》なくされています。

part 6

プラスチックの歩みと社会の変化 ⑦

私たちが生きる「人新世」の地層にプラスチックは残り続ける!?

人間の欲に応えたプラスチック

歴史をたどるとわかるように、プラスチックが世界中に溢《あふ》れるようになったのは、社会の急速な変化に、臨機応変に対応できる素材だったからでした。

プラスチックは、人間にとって扱いやすい素材です。石油からいくらでも材料が得られ、人間の理想に限りなく近いものに、つくり変えることができます。言い替えれば、プラスチックほど、人間の欲求に従順に応えてきた素材はないのです。

しかし、プラスチックには大きな欠点があります。自然界では分解されず、いつまでも残り続けるという決定的な欠点です。

いま、「人新世《じんしんせい》（アントロポセン）」という新たな地質時代が提唱されています。ジュラ紀の地層から恐竜の化石が発見されたように、未来の人類、もしくは人類に代わる知性は、人新世の地層から大量のプラスチックを発掘するだろう、というのです。

人類はわずか70年で地層を変えた

地質学の時代区分によれば、私たちが生きるのは、新生代《しんせいだい》第四紀完新世《かんしんせい》と呼ばれる時代です。完新世は、最後の氷河《ひょうが》期が終わった約１万１７００年前に始まり、人類が一大発展を遂げた時代です。

ところが、２０００年2月、地球環境の変動を論じる会議の席で、「我々がいるのは完新世ではない。人新世だ」と声を上げた化学者がいました。オゾンホール研究で１９９５年ノーベル化学賞を受賞したパウル・クルッツェンです。

彼がいう人新世とは、人類の新たな時代を意味します。人類が地球環境に影響を及ぼすようになったのが完新世なら、人新世は、人類が自然にも匹敵する強大な力をもつようになった時代。そして、その始まりは１９５０年頃とされています。

１９５０年といえば、まさしくプラスチックが、暮らしの中に登場し始めた頃。有害化学物質が大気中にまき散らされ、核実験や原発事故で放射性物質が漏れ出すようになったのも、人新世を特徴づける出来事です。これらの化学物質は、やがて地層の中に残ることになるでしょう。事実、東京の皇居の濠《ほり》に堆積した泥を分析した調査では、江戸時代の地層からは何も発見されなかったのに、１９５０年頃の地層からは、わずかながらもマイクロプラスチックが見つかり、２０００年の地層になると、その数は10倍に達していたといいます。

地球46億年の歴史のうち、たった約70年で人類が地球上に溢れさせた物質、プラスチックのあるべき形を、いま私たちは改めて考える時に来ています。

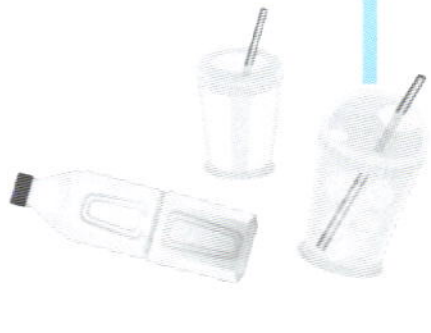

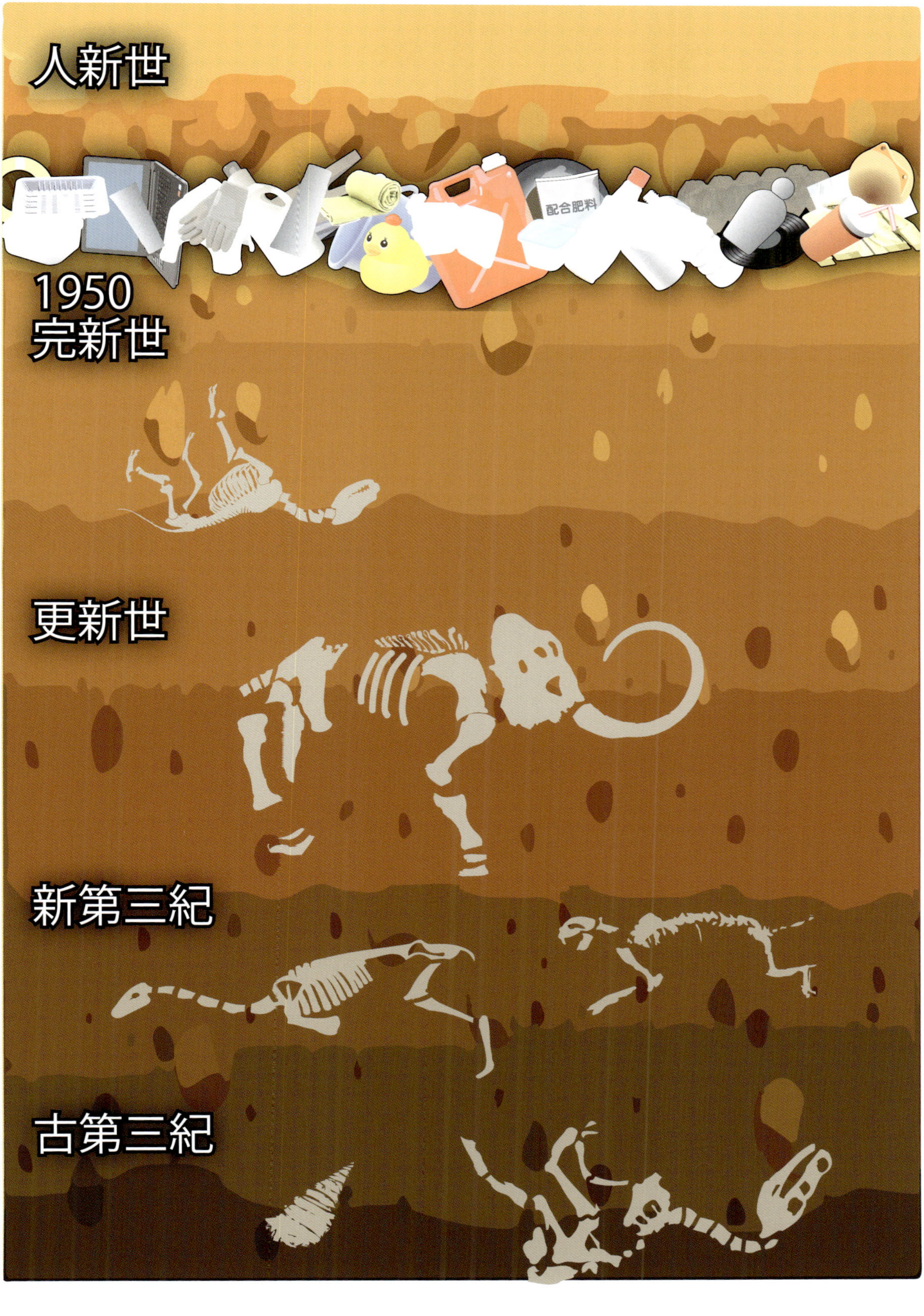
人新世
1950
完新世
更新世
新第三紀
古第三紀
配合肥料

おわりに

プラスチックが鳴らす警鐘に いま私たちはどう応えるのか

19世紀以降、急激に加速化した人類の進歩。それを後押ししたのは、とどまることを知らない人類の欲望を、柔軟に形に変えてくれる素材、プラスチックでした。人類は、自ら生み出したプラスチックから、新たな欲望を見出し、また新たなプラスチックを生み出してきました。後世の知的生命から見れば、プラスチックが堆積した人新世の地層は、紛《まぎ》れもない私たち人類の欲望の墓標《ぼひょう》に見えることでしょう。

この地層に至るまでに、私たちは幾度も警鐘《けいしょう》を聞いてきました。人類による最大の暴力である核戦争への警鐘。石油資源への過剰な依存と、地球温暖化への警鐘。過度な資本主義が世界にもたらした圧倒的な経済格差と、それゆえの貧困に対する警鐘。

そしてその都度、鐘を鳴らす存在に、多くの人々は冷やかな視線を投げかけてきました。現実を知らない理想主義は意味がない。いまの経済の繁栄を誰が手放すものか。建前《たてまえ》は誰でもわかっている。批判なら誰にでもできる、と。

そしていま、プラスチック危機という警鐘が鳴らされています。その鐘すらがプラスチック製であるとすれば、皮肉なジョークといえるでしょう。

しかし、ことがジョークでは済まないことは、視線を我が家に向ければ一目瞭然です。アフリカの貧困や、温暖化による気候変動には、目をつぶることができても、我が家に溢《あふ》れる雑多で無秩序なプラスチック製品の氾濫は、目の前の現実です。一方で、コンビニでレジ袋をもらわない、という身近な選択があるのも現実です。

本書をお読みいただいた皆さんと共に、小さくてもいい、いまの暮らしを変えていく試みを積み重ねていきたい、そう願っています。

参考文献

Production, use, and fate of all plastics ever made (R.Geyer, J.R.Jambeck, K.L.Law. Science Advances, July 2017)
SINGLE-USE PLASTICS A Roadmap for Sustainability (United Nations Environment Programme)
Improving Plastics Management : Trends, policy responses, and the role of international co-operation and trade (OECD)
『プラスチックスープの海』(チャールズ・モア、カッサンドラ・フィリップス著、NHK 出版刊)
『ナショナル ジオグラフィック日本版 2018年6月号　海を脅かすプラスチック』(日経ナショナル ジオグラフィック社刊)
『ゼロ・ウェイスト・ホーム』(ベア・ジョンソン著、アノニマ・スタジオ刊)
『プラスチック・フリー生活』(シャンタル・プラモンドン、ジェイ・シンハ著、NHK 出版刊)
『ゴミポリシー　燃やさないごみ政策「ゼロ・ウェイスト」ハンドブック』(ロビン・マレー著、築地書館刊)
『世界史を変えた新素材』(佐藤健太郎著、新潮社刊)
『炭素文明論』(佐藤健太郎著、新潮社刊)
『人新世とは何か』(クリストフ・ボヌイユ、ジャン＝バティスト・フレソズ著、青土社刊)
『fash'un PLASTIC』(ロックマガジン社刊)
『SUPER サイエンス プラスチック知られざる世界』(齋藤勝裕著、シーアンドアール研究所刊)
『図解入門よくわかる最新　プラスチックの仕組みとはたらき』(桑嶋幹、木原伸浩、工藤保広著、秀和システム刊)
『プラスチックを取り巻く国内外の状況』(平成 30 年 8 月、環境省)
『エピソードと人物でつづる おもしろ化学史』(竹内敬人監修、日本化学工業協会刊)

参考サイト

国際連合広報センター ● https://www.unic.or.jp/
PlasticsEurope ● https://www.plasticseurope.org/en
Our World in Data ● https://ourworldindata.org/
ウィキペディア ● https://ja.wikipedia.org/
一般社団法人 プラスチック循環利用協会 ● https://www.pwmi.or.jp/
公益財団法人 日本容器包装リサイクル協会 ● https://www.jcpra.or.jp/
一般社団法人産業環境管理協会 資源・リサイクル促進センター ● http://www.cjc.or.jp/
日本バイオプラスチック協会 ● http://www.jbpaweb.net/
プラスチック図書館 ● http://www.pwmi.jp/tosyokan.html
International Pellet Watch Japan ● http://pelletwatch.jp/micro/
J-STAGE ● https://www.jstage.jst.go.jp/
日本貿易振興機構（ジェトロ）● https://www.jetro.go.jp/
ナショナルジオグラフィック ● https://natgeo.nikkeibp.co.jp/
Forbes Japan ● https://forbesjapan.com/articles/detail/27549
ニューズウィーク日本版 ● https://www.newsweekjapan.jp/
AFPBB News ● https://www.afpbb.com/articles/-/3233887
プラなし生活 ● https://lessplasticlife.com/
WWF ジャパン ● https://www.wwf.or.jp/
Sustainable Japan ● https://sustainablejapan.jp/
サステナブル・ブランド ジャパン ● https://www.sustainablebrands.jp/
UNPACKAGED ● https://www.beunpackaged.com/
NEGOZIO LEGGERO ● http://www.negozioleggero.it/
Original Unverpackt ● https://original-unverpackt.de/
Glo Tech Trends ● https://glotechtrends.com/
東レ株式会社 ● https://www.toray.co.jp
日本コカ・コーラ株式会社 ● https://www.cocacola.co.jp/sustainability/world-without-waste
ボーイング社 ● https://www.boeing.com/
デュポン社 ● https://www.dupont.com/
万博記念公園 ● https://www.expo70-park.jp/
太陽工業株式会社 ● https://www2.taiyokogyo.co.jp/expo/fuji.html
深海デブリデータベース ● http://www.godac.jamstec.go.jp/catalog/dsdebris/metadataList
WIRED ● https://wired.jp/
Precious Plastic ● https://preciousplastic.com/
ICIS ● https://www.icis.com/

索引

あ

阿久津哲造……86〜87
アクリル繊維……19、84
アップサイクル……70〜71
アトミック・デザイン……84〜85
アントロポセン……90
IG・ファルベン……78、80〜81、82〜83
一般系廃棄物……18
医療用プラスチック……86〜87
インペリアルケミカル工業（ICI）……79、80〜81、82〜83
埋め立て……28〜29、50〜51、54〜55、64、68〜69
AS樹脂……19
エチレン……21、24〜25
エチレングリコール……26〜27
エネルギー回収（リカバリー）……46、49、50〜51
ABS樹脂……19、56〜57
エポキシ樹脂……23、44〜45
エンジニアリング・プラスチック……19、79
大阪万博（日本万国博覧会）……84〜85
オープンダンピング方式……29〜34

か

解重合……26〜27、56
海洋プラスチック憲章……63
海洋プラスチックごみ問題……8〜9、36〜37、38〜39、40〜41、42〜43、62
可塑性……20、22
上勝町……68〜69
カロザース……78、82〜83
環境ホルモン……44〜45
経木……76〜77
漁業系プラスチック……18〜19
クルッツェン……90
ケクレ……82
ケミカルリサイクル……46〜47、48〜49、56〜57、61
原子価……24、82
合成樹脂……20
高分子……24、82〜83
高分子化合物……24〜25
高密度ポリエチレン……16、19、82
国連……14、62〜63
コルフ……86〜87
コンポスト……54〜55

さ

桜田一郎……79
サーマルリサイクル……46〜47、48〜49、58、61
3R……64
産業系廃棄物……18、46
三酸化アンチモン……44〜45
残留性有機汚染物質……42〜43
持続可能な開発目標（SDGs）……14、62〜63
G20大阪サミット……8、63
縮合重合……26〜27
樹脂……20
シュタウディンガー……78〜79、82〜83
焼却……28〜29、50〜51、58〜59、64、68〜69
触媒……44〜45、82〜83
食物連鎖……40〜41、43
白川英樹……79、82〜83
ジョンソン（ベア）……69、74〜75
人工臓器……86〜87
人新世……90〜91
ストックホルム会議……28
ストロー……15、54、56〜57、72
スーパー・エンジニアリング・プラスチック……19
生物濃縮……42〜43
生分解性プラスチック……56〜57、66〜67、87
石油……20〜21、84〜85
セルロイド……78
ゼロ・ウェイスト……68〜69、74〜75
『ゼロ・ウェイスト・ホーム』……69、72、74〜75
繊維強化プラスチック……19

た

ダイオキシン……28〜29、42〜43
太平洋ごみベルト……9
ダウンサイクル……70〜71
単純焼却……50〜51
炭素……20〜21、24〜25
炭素化合物……20
炭素繊維強化プラスチック……19
チーグラー……79、82〜83
チーグラー・ナッタ触媒……79、83
中国のプラごみ輸入禁止……10〜11、30〜31、32〜33、54
使い捨て……12〜13、86〜87、88〜89
使い捨てプラスチック禁止……53、54
DDT……42〜43
低密度ポリエチレン……16、82
デポジット制……52

デュポン社……78〜79、81、83
テレフタル酸……26〜27
添加剤……43、44〜45、60
東京ごみ戦争……28
導電性プラスチック……79、83

な

内分泌撹乱物質……44
ナイロン……19、21、60、82
ナイロン6……56〜57、79
ナイロン66……78
ナッタ……79、82〜83
ナフサ……21
二重結合……24〜25
ニノルフェノール……44〜45
熱可塑性……22〜23
熱硬化性……22〜23
農業系プラスチック……18〜19

は

ハイアット（ジョン）……78
バイオプラスチック……56〜57、66〜67
バイオマスプラスチック……66
蠅帳……6
量り売り（バルク）……74〜75
バーゼル条約……32
ハッケンス（デイブ）……71
発泡スチロール……15
東日本大震災……36
ビスフェノールA……44〜45
微生物……20、66〜67
ビニロン……79
フェノール樹脂（ベークライト）……22〜23、78
付加重合……24〜25
富士グループ・パビリオン……84〜85
フタル酸エステル……44〜45
不法投棄……18
プラスチック生産量……6
「プラスチック・チャイナ」……11、30
プレシャス・プラスチック……70〜71
フローリー……79
ベークライト（フェノール樹脂）……78
ベークランド……78
ペットボトル……11、26〜27、40、44〜45、46、52〜53、56、58、89
ペレット……36〜37、46〜47
ボーイング787……19
ポリアセチレン……79、82〜83
ポリアミド……19、26
ポリイミド……19
ポリウレタン……19、22〜23、26、78、80、86〜87
ポリエステル……19、21、26、79、81、84、86
ポリエチレン……16、21、22〜23、24〜25、40、60、73、79、80〜81、82〜83、84
ポリエチレンテレフタラート（PET）……17、26〜27、46、79
ポリ塩化ビニリデン……29、88
ポリ塩化ビニル……16、23、24、29、44〜45、81、84、86〜87
ポリ塩化ビフェニル……42〜43
ポリカーボネート……19、44〜45、73
ポリスチレン……17、22、24、78、80
ポリ乳酸……66〜67
ポリプロピレン……16〜17、19、21、22〜23、24、40、73、79、82〜83
ポリマー……24〜25、26〜27

ま

マイクロビーズ……40〜41、73
マイクロプラスチック……9、40〜41、42、73、90
マテリアルリサイクル……46〜47、48〜49、61、71
マレー（ロビン）……68
メタクリル樹脂……19
メラミン樹脂……22〜23
モア（チャールズ）……36
モノマー……24〜25、26〜27、46

や

有害化学物質……42〜43、90
有機化合物……20〜21
有機フッ素化合物……44〜45
ゆりかごからゆりかごへ……60
容器包装……12〜13、58〜59、73、74〜75、88〜89
容器包装リサイクル法（日本）……58〜59
4R……64〜65
4L……69

ら

リサイクル……46〜62、64〜65、70〜71、76
リターナブル容器……52
リデュース……64〜65
リフューズ……64〜65
リユース……64〜65、76
レジ袋規制……14〜15、34〜35、54
ロウ引き袋……76

著 **インフォビジュアル研究所**

2007年より代表の大嶋賢洋を中心に、編集、デザイン、CGスタッフにより活動を開始。多数のビジュアル・コンテンツを編集・制作・出版。主な作品に、『イラスト図解 イスラム世界』(日東書院本社)、『超図解 一番わかりやすいキリスト教入門』(東洋経済新報社)、「図解でわかる」シリーズ『ホモ・サピエンスの秘密』『14歳からのお金の説明書』『14歳から知っておきたいＡＩ』『14歳からの天皇と皇室入門』『14歳から知る影響と連鎖の全世界史』『14歳から知る人類の脳科学、その現在と未来』『14歳からの地政学』(いずれも太田出版)などがある。

企画・構成・執筆	豊田 菜穂子
図解制作	大嶋 賢洋
イラスト・図版制作	高田 寛務
イラスト	みのじ
	二都呂 太郎
カバーデザイン・DTP	玉地 玲子
校正	鷗来堂

図解でわかる
14歳からの プラスチックと環境問題

2019年12月 3 日 初版第1刷発行
2021年 9 月10日 初版第5刷発行

著者　インフォビジュアル研究所

発行人　岡 聡
発行所　株式会社太田出版
〒160-8571 東京都新宿区愛住町22 第三山田ビル4階
Tel.03-3359-6262　Fax.03-3359-0040
http://www.ohtabooks.com
印刷・製本　中央精版印刷株式会社

ISBN978-4-7783-1687-7　C0030